Basic Knowledge about Copyright for Editors

UNI INTELLECTUAL
PROPERTY BOOKS
NO.24

新版

編集者の著作権基礎知識

豊田きいち・宮辺尚

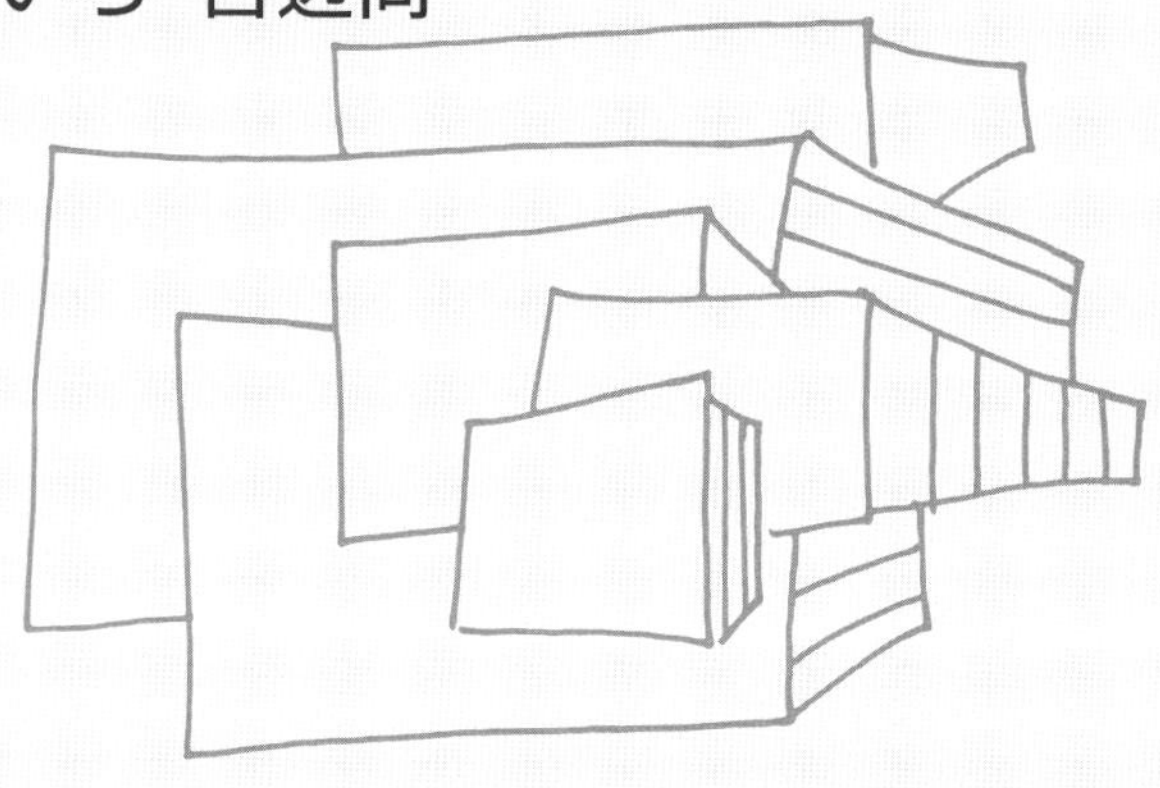

太田出版

新版　編集者の著作権基礎知識

「新版」にあたって

豊田きいち著『編集者の著作権基礎知識』は一九九三年一月に日本エディタースクールから第一版が刊行されて以来、著作権法の改正や著者の思考の深化に合わせて手が加わって版を重ね、二〇〇八年までに六版を数えた名著である。この著が二〇一二年十一月に太田出版の「ユニ知的所有権ブックス」シリーズに移行する際にも、当然、著者の大幅な手が入った。

この度、太田出版は、編集者にとって必読の書ともいえる当著をさらに広く新たな読者に手渡したいと考えたが、二〇一二年以降には大きな著作権法改正がいくつかあり、また豊田氏の論考上からは欠かせないと考えられる重要判例もあった。デジタル化・ネットワーク化の進展度合いも激しさを増した。旧著のままでは読者に誤った知識や不十分な情報を与えかねない。しかし豊田きいち氏は二〇一三年一月に逝去されてしまった。どうしたらいいか。

そこで筆者の出番となった。豊田氏晩年の薫陶を受けた筆者は、豊田氏の著作権継承者の理解と了承を得て、共著者として旧著に最低限の手を加えることになった。基本方針は、著作権法の改正や新たな判例の出現、ネット環境の変化によって、豊田氏の表現のままでは誤解を招きかねないところを削除し、書き改めることである。

ただ旧著は、著作権という側面から見た、編集者として生きて行こうとする者にとって必要な「道しるべ」とも言うべき著書である。ほとんどはものの捉え方、気配り・心配りの仕方を述べている。また豊田氏独特の考え方も主張も表されている。そこに削るべき、書き加えるべき部分はない。従って筆者が手を加えた部分は多くはない。

その結果、以下のようになった。

○デジタル化・ネットワーク化が進む中で、オンラインで著作物を扱うことが著作権法上でどういう意味を持つのかを示すため、著作権という権利の中身を解説する第3章を新たに書き加えた。

○出版契約を論じる第4章も筆者が全面的に書きおろした。豊田氏の論旨は大幅に削除した。

○旧版刊行後に延長された著作権保護期間に関する部分については、第19章を中心に適宜加筆修正削除を行っている。

○法改正による条項の変更、条文の変更に関しては修正を行った。

○ほか、明らかな書き違い、思い違いには手を加えた。

豊田氏の遺した編集者の著作権知識獲得への熱い思いが、筆者の加筆修正によってより大きく広がってゆくことを願う次第である。

二〇二二年三月

宮辺　尚

はしがき

オンライン出版への関心が高くなり、出版社の業容が拡がってきた。それで、「編集・制作」と著作権とのかかわりについての明察と、著作権知識の基本のきほんの確認が求められている。

映像での著作物の提示や、出版物をマザーとする情報の伝達手段が、いかなる形態であれ、伝統的な出版態様での必要知識に、違いのあるはずはなく、この本で解説した基本なしに新分野への参入はやばい。

著作権法の概説あるいは条文の解説は、法学者や行政の仕事で、すでに、すぐれた本も、たくさん出版されている。この本は目途として、メディアの編集・制作の実務に視座を据えている。編集者や紙の上にナニカを表現しようとするひとや、映像によって著作物などを公衆に提示するひとが、日々遭遇する「著作物の利用」についての、最小限必要な気配りを示そうと試みた。著作権法の条文の解釈をめぐっての、編集室の中でやるディスカッションだと思っていただきたい。

編集・制作の現場や著作者たちの多くに、著作権法の解釈や理解や、表現物の表現方法のあり方・「権利の主張」・「権利の処理」などに思い違いがあるらしく思われる。さらに、一部の編集者の不明によって、表現者の辛苦の労作たる著作物が「完全原稿」になり損なっていること、結果として、関係者間に無意味な猜疑や確執を生んでいること、などを、たくさん見聞きしてきた。で、そういう場面も想起してまとめた。

編集という仕事は、多くの読者によろこばれる本、「表現」つまり、よく売れるものを創ることである。著作物などを複製・伝達する技術は、「読まれる本」・「肯（うなず）かれる表現」のために工夫されなければならない。その前提として、編集者たちに、適法に著作物を発行（著作権法三条）するための最小限の常識、ことにフェアな著作権処理が求められる。著作者と出版者、表現・情報とその伝達の間に齟齬をきたすことなく、違法性のないように――。

この小冊子は、トラブルを呼ぶ欠陥出版物や違法映像を少なくするための、差し出がましい助言集だと思って眺めていただけば幸いである。

私は、漢字熟語表現などの部分表音書きに賛成できない。新聞社が好んで（？）やるような、安易な言葉の言い換え・表現の統一にも疑問を持っている。言語をおとなしく使うことを、必ずしも、いいとは考えない。語彙の人為的な制限や表記の統一によって、思考（思想・感情アルイハ思想信条）の幅が狭まると思っているのである。だから、この冊子のように、目的が「文章教育」じゃない場合には、壊れた文章口語で、私流の文体で書く。加えて、しなくてもよい、しないほうが無難な「条文読み」と、言わずもがなの冗長で主観的な発言を繰り返している。杜撰なものの言い方をしている。間違いも多く、読みにくいと思う。ご寛容の上、間違いや不備をご指摘いただきたい。

出版論には「志」としての出版行為を語る方法もある。コストや流通の側面からまとめたものもある。近くは　著作物（あるいは出版物）の電子的な複製と送信に関する解説書もある。

この本では、編集・制作という表現行為について「著作権と仕事との戯れ方」を考えてみようとした。メディアが謳（うた）う「表現の自由」と私権としての著作権・著作者人格権との調整、公と私の相互依存の平仄（ひょうそく）を意識している。

この三〇年の間に、CD-ROMからインターネットまでのマシンリーダブルな新しい「方法」が普及した。デジタル・コンテンツの利用、その権利処理をどうするか。

多くの出版社が、競って、〝新しい表現物の利用術〟と伝達術にチャレンジしている。絶版本の再製（複製）や図書館での著作物の新しい利用法などなど。それはそれで素敵なことだが、他人の私有財産たる「著作物に関する権利」の使用について、はじめに、処理の見通しを熟慮・調査すること淡く、依然として、ことの起承転結が曖昧になっているやに思われる。たいへん、手順・効率がわるい。それで、やはりこの「本」は、すべてのジャンルに関するあらゆる表現行為に通底するデッサンなのだから、先に述べたように新しい分野に挑む人たちにも読んでいただきたいのである。

本書は、一九九三年に日本エディタースクールより初版が発行されてから、読者に恵まれて、ロングセラーの仲間入りをした。このたび、太田出版のユニ知的所有権ブックスに加えていただいたのを機会に、本書の内容に関連する「参考になる文献」を、適当なページに示した。

豊田きいち

目次

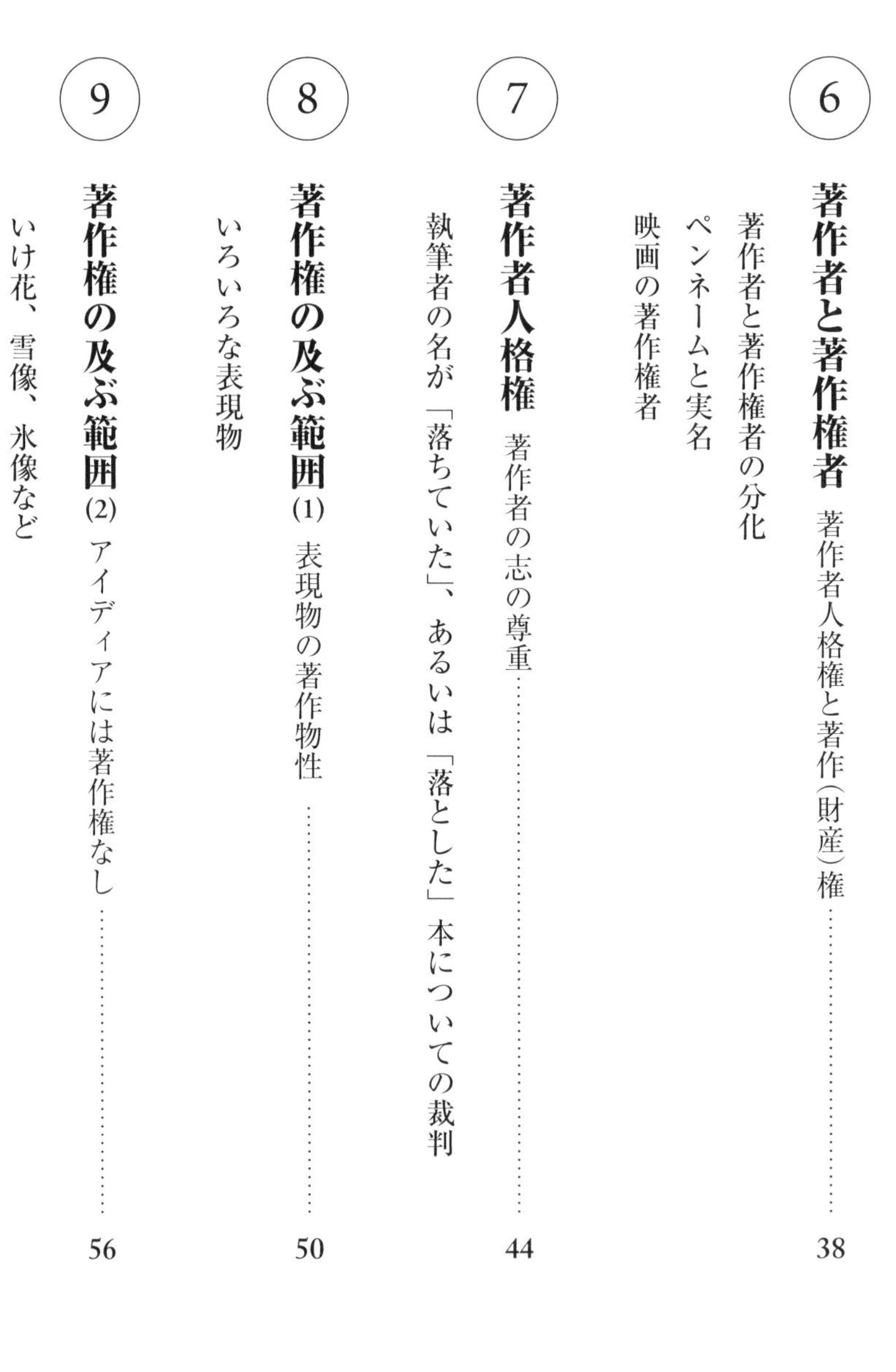

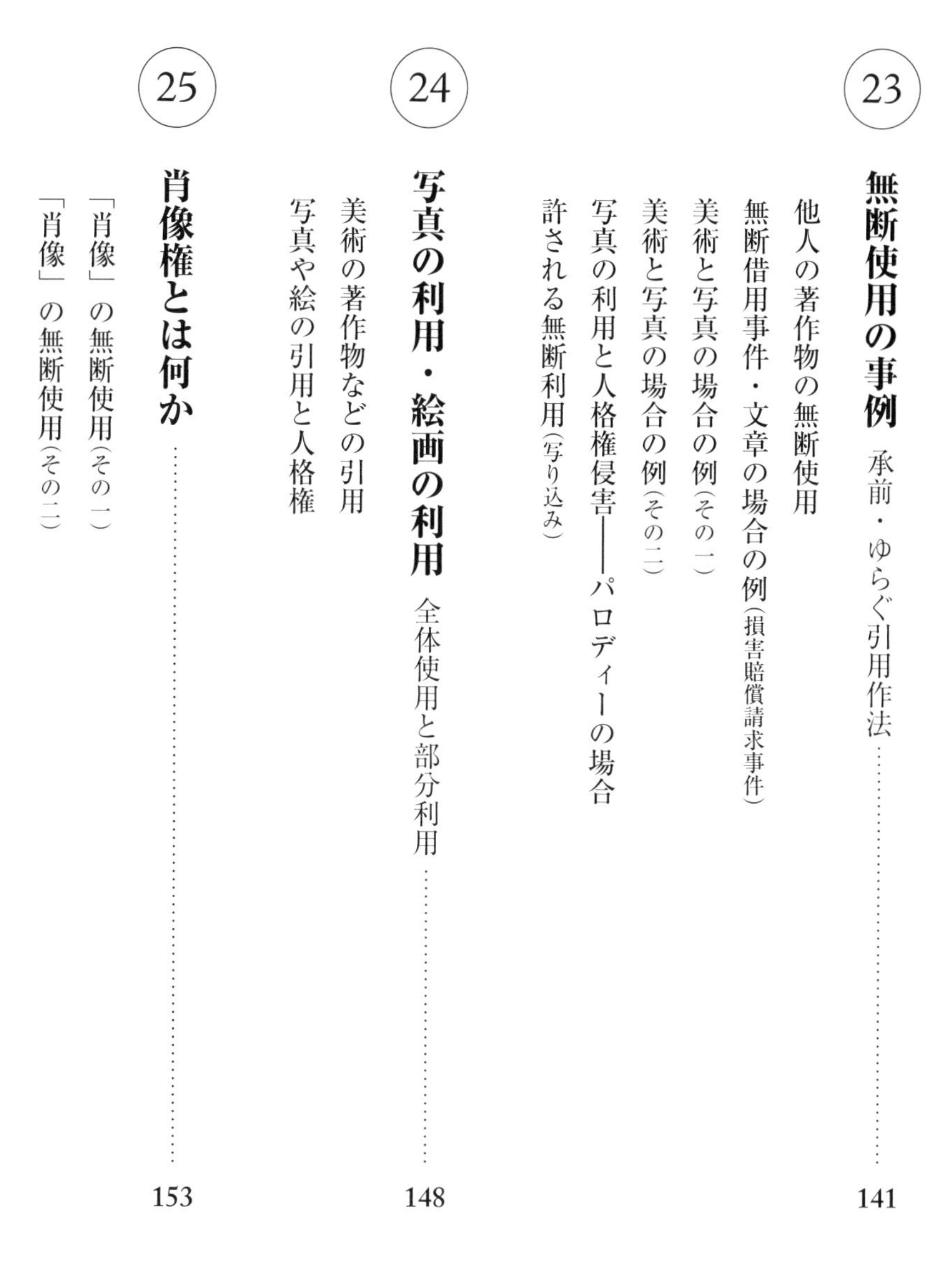

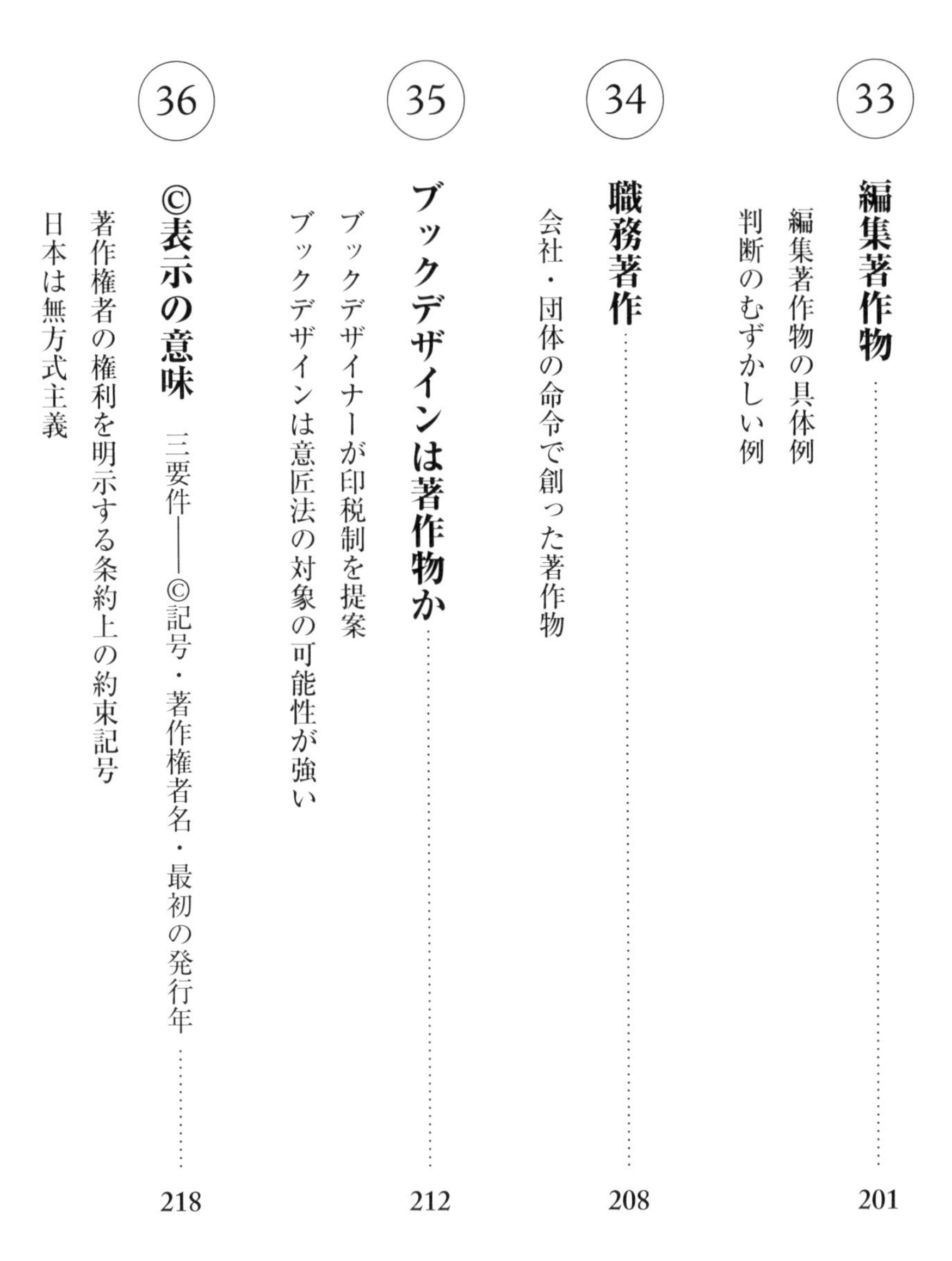

著作権法を解説文で理解するのは、ひと苦労である。

①**条文と条文の関連**
②**編集実務と条文とのつながり**
③**仕事の始末の勘どころ**

この三点をつかむために「図」を描いた。やっている仕事が、法の、どの地点にかかわっているか、を知らんがために、俯瞰図のような図を眺めて、蓋然的理解をしていただきたい。実務にも役立つような配慮もしている。

表目次

【注】本文中の条項、ならびに（　）内の条項は、特別な表記のない場合は、すべて著作権法の条項である。

1

著作権とは何か

著作物の定義

✤著作者の「私有物」

「著作権という人権」と表現した本がある。[*] これは、「著作権」が、法によって、「表現」の創作者に、原初的に、私有財産として認められているという意味である。

＊岡本薫『インターネット時代の著作権――もうひとつの「人権」』全日本社会教育連合会、二〇〇三年。

著作権は、著作物の誕生に伴って、届出や登録なしに、「無方式」で著作者の専有する権利である。『著作権法ハンドブック』[*]は「著作権というのは、ごく大ざっぱにいうと、小説を書いたり、楽曲を作曲したりしたときに、それらを出版したり、放送したりして利用することについて、それらを書いた人、作曲した人に、法律によって認められる権利」としている。

＊文化庁・編、著作権資料協会、一九九一年。以下『ハンドブック』と略。

ここで、書くとか作曲するというのは、頭の中にあるものを創作的に外に向かって表現するという意味である。そのような表現物を著作物と呼ぶ。著作物の著作者に著作権が認められる。著作権法第二条(以下、断わりのないものは著作権法の条文である)は、著作物を定義して、「思想又は感情を創作的に表現したものであつて(ママ)、文芸、学術、美術又は音楽の範囲に属するものをいう。」と規定している。「表現したもの」と過去形になっている点に注意。

文芸の範囲は小説家の作品に限らない。「文芸」とは言語表現を指す。学術も学者の著作に限らない。美術の範囲には、漫画はもちろん、いわゆる一品制作の美術工芸品なども含まれる。音楽の範囲も芸術家の作品だけを対象とするわけではない。この四つのジャンルは、それぞれ広義に理解することだ。たとえば、文芸と学術の重なった領域、歌詞のように文学と音楽の著作物の重なった場合もある。以前は、「著作権ニ関スル仲介業務ニ関スル法律」(略称・仲介業務法)によって、日本音楽著作権協会(JASRAC(ジャスラック))が音楽著作物の使用料を請求していた。現在は、六〇年以上にわたっての著作権の集中管理の方式が見直され、仲介業務法に代わって著作権等管理事業法(平成一二年一一月二九日公布・平成一三年一〇月一日施行・新制度は平成一四年から運用)の下で権利の集中的処理が行なわれる(一〇八〜一一七ページ参照)。歌詞は、楽曲を伴えば音楽の、詩として鑑賞することがあれば、それは文芸の著作物ということができる。芝居の脚本や写真も、当然文芸や美術などの概念の中に包まれる。脚本は文学的あるいは文学そのものであり、写真は美術的あるいは美術に類するものである。すべて、第三者に見聞きできるように表現されたものが著作物である。著作権の保護については、『ハンドブック』は「たてまえとして、形のある物の上に表すことまで要求されるものではありません」「吟詠された即興詩などのように固定されていないものでも」、他人が感知できるように表現されたものならば保護されると説明している。吟詠されたというのは、見聞きできるように表現されたということ。

✤法による著作物の例示

一〇条以下に例示された著作物を、具体的に理解するために少しばかり補足する。

小説、脚本、論文、講演その他の言語の著作物　文学概論などで、もっとも広義に文学を理解しようとする範囲よりもさらに広く、学術という大ジャンルや実用記事などを包含した言語の全領域が対象。——言語著作物とは、文字や記号で思想・感情を表現するもの。紙に固定される著作物では、小説・物語、論文、随筆、詩・俳句・短歌、日記・手紙。入試問題。脚本。教科書。旅行案内書。辞典・事典・図説のテキスト。政府刊行の白書などの報告書(私人作成のものはその人の著作物として保護される。官公庁の発行物でも学術的なものは無断使用不可)。職業別電活帳。投稿、社説などの論説記事。座談会そのもの及びその記事(紙上に固定されなくても座談会発言は著作物だ)。講義・演説の類。説教・講釈など。ただし、実演に重点のおかれる場合の「実演」は、著作権法では、著作隣接権の客体として保護される。講談、落語、漫談、漫才などは、その実演に台本があればそれは言語の著作物である。著作物が実演されると、その源泉となっている著作物と並行してその実演家には著作隣接権が発生する。
　手紙などにおけるキマリ文句、「書き出し文句」や「時候の挨拶部分」などについては著作権が発生しない。「創作的に表現したもの」でないからである。

音楽の著作物　楽曲と楽曲を伴う歌詞。楽譜は主として、あとで述べる図形の著作物とも考えられる。ただし、オペラ、オペレッタのような立体構成の「楽劇的著作物」は、言語の著作物にも該当する。

舞踊または無言劇の著作物　実演を指していない。実演は著作隣接権の客体。その振り付けが著作物とされる。振り付けの考案・主体者に著作権を認めている。

絵画、版画、彫刻その他の美術の著作物　エッチング。コミック。漫画・劇画。動画、アニメ映画などのキャラクターも美術的な表現を伴えば著作物。キャラクターについては、あとで「サザエさん裁判」(六〇ページ)について触れる。そして、舞台装置。自然物としての生物を正確に伝達すべくなぞり引き写した図鑑的絵画も、創意を認めて著作物とされる(東京地裁・昭和三六・一〇・二五判決)。「書」もまた美術の著作物である。書跡なるものも、美意識による衝動的表現であるかぎり美術の著作物。書かれたすべての字をいうのではないが、「書」などのうち美術的なものは、絵画(ファインアート)と同じように考えるべきとされる。右の表現手段・表現素材はフィルムや紙に限らない。木・石・氷・雪・土——何でもよい。美的表現であればよい。美術的に形式化されるなら、いけ花も著作物(四八ページ参照)。拓本・

表1 知的財産権とその周辺

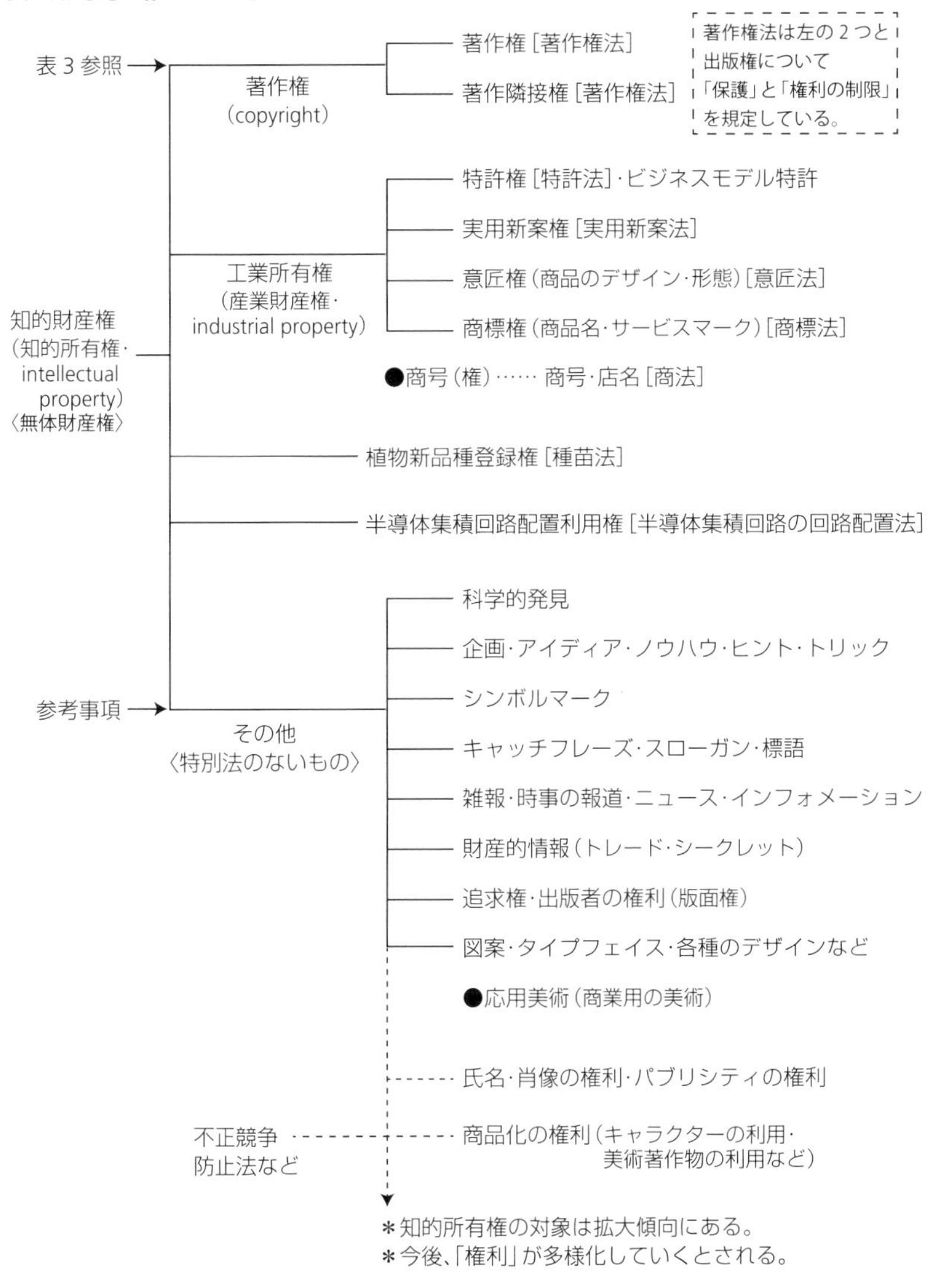

＊知的所有権の対象は拡大傾向にある。
＊今後、「権利」が多様化していくとされる。

著作権——文化:思想・感情の形式化の私有(無方式)
工業所有権——産業・文明:生産方式の私有(方式主義)

魚拓にも、その創り方によっては著作物性があり得る。入墨も、常套的・慣習的でなく、新規の創作性が認められ、鑑賞性が認められれば著作物といえる。[*] 浮かればやしに賑わう街では、対価を得て入墨を他人に見せる者もいる。

＊「入墨著作権事件」判決（二〇一一年七月二九日東京地裁）

建築の著作物　二つの視点あり。①設計図に従って建設された建物自体は著作物とされる。②ただし、社会の常識で、芸術性を備えていると認められるものでなければなるまい。国技館のような建造物も創作的・美的と認められるなら「著作物」だ。寺社に見られる塔の類、庭園にも芸術性があれば、建築に準じた保護があろうとされる。美的な橋もまた建築の著作物たり得る。

地図または学術的な性質を有する図面、図表、模型その他の図形の著作物　図形の著作物は多様で広範である。地図、海図、観光地図など。学術的図面、図表。年表、時刻表、株式相場数字表。建築用設計図。各種模型・地形の模型など。そして地球儀・月球儀など（八六ページ参照）。

地図は、単なる自然現象や人文的現象を一定の慣習に従って表現したにすぎない場合は、著作物とはいえない。が、各部分の素材の取捨・選択、記号の選定・表記法などに創意・工夫があれば、新規の著作物といえる。下敷としての参考原図に対して、ありふれた修正や増減で作られたものには著作権は発生しないとされる。

出版物は、図形の著作物を掲載することが多い。学術、ことに自然科学の書誌、そして実用書など。

表2 表現物の種類（著作物表）
（§は著作権法の条文、pは本書のページを示す）

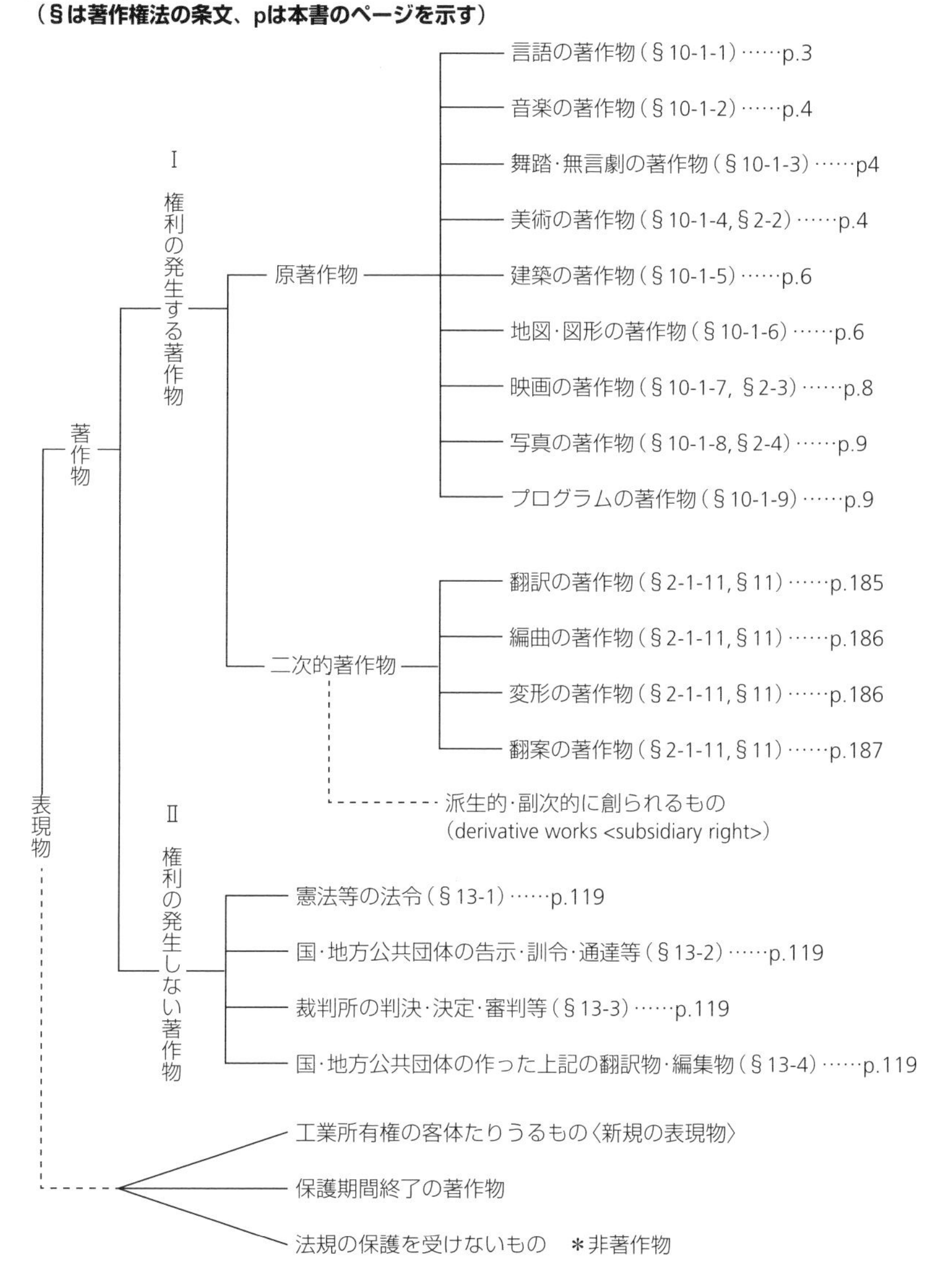

＊自由に使用できる著作物·権利のない非著作物は表 8 を参照（120 ページ）

社内報でも新聞でも、編集者は図形を多用する。参考文献から借用することが多い。地図の掲載にあたって、必ずしもオリジナルなものばかりではなく、転載、引き写しが多い。その時、利用の性質を吟味せず、勝手に「引用」（三二条）と考える場合が目につく。トラブルが絶えないのは、著作物の部分的な利用を引用と勘違いして無断で掲載するからである。旧法の「節録引用」という考え方はいまは通用しない。勘違いというよりは、著作権法の無理解、現行法三二条の読み違いが多い。引用については、あとで述べる（一二九ページ参照）。

映画の著作物　劇映画・ニュース映画。ドラマの類、ドキュメントなどをビデオテープやＤＶＤなどに音声や映像として固定したもの。これらの中に見られ、あるいは聞かれる個々の著作物の権利は独立して生きつづける。要注意。それら個々の著作物とは別個に、それらを結合的・集合的・連続的に表出した総体を映画の著作物という。出版物の編集者は、映画の中から、視覚的な素材を抜き出してスチール写真として単独に紙面に利用することがある。*その場合は映画製作者に連絡の上、要すれば、個々の著作者あるいは著作権者の許諾も得たい。個々の著作権のありどころは映画著作物の著作権者としての映画製作者（二九条）の事務所で確認すべきである（四一ページ参照）。また映画の著作物の部分（動画）を使用することもあるだろう。その場合も映画の著作物の著作権者に連絡を取る必要がある。

＊豊田きいち「映画のひとコマの利用」〈出版・著作権ＭＥＭＯ　No.113〉、『出版ニュース』出版ニュース社、一九九八年。

写真の著作物　写真は、報道的なもの、美術的なもの、肖像的なもの、結合的に構成されるモンタージュ、「パロディーの素材」など、多様に分類できる。また、写真に類する方法で表現されたものも写真著作物である。写真は、多くの利用方法があるので、編集者は、写真(の著作権)とその被写体の権利と扱いについて知っておかねばならない。ことに被写体と写真の権利関係、写真の二次使用・二次的な利用など、その権利処理は事務的にも単純ではない。いけ花と写真、料理と写真、立体的な被写体の写真にも著作権の発生するものと、絵画のような平面的な被写体の場合の写真との権利処理の違い、さらには被写体の所有者との関係、そして肖像権といわれる人格権の扱いに関する判断など、正しく適法に紙面に表現するのは、言うはやさしく、行なうはむずかしいのである。

思想・感情を創作的に表現したと思われれば別だが、一般的には、実用を目的として撮影されたもの、たとえば　運転免許証・パスポート用の写真などは著作物性が弱い。少なくとも、駅などにセットされた自動撮影機による写真の類には著作権は発生しない。ただしこれらが他人によって被写体の人格を無視して利用される場合は、被写体・肖像本人の人格権の問題として考えることになるだろう。あとで、「16　写真の著作物」(九五ページ〜)で写真とはナニかについて、および「編集」上の正しい認識と処理をも考えてみたい。

プログラムの著作物　コンピュータ・プログラムは著作物として保護される。伝統的・可視的な出版物を発行する者も、概略、条文の示すところは知っておきたい。

ペーパーレス・マシンリーダブルな著作物利用、データベースの出版物利用(一二条の二)——を思うと、二条一項一〇の二、一〇の三、一〇条～一三条などを理解しておきたい。デジタル化された著作物の利用が普及した。それも出版社の仕事の一側面だ。デジタル・コンテンツの複製等の権利処理にあたっては、本書で扱う知識は、仕事の基本として、どうしても必要である。

2 著作権という「財産権」

✤著作権は知的財産権

物を所有する権利、土地やオカネなどの有体物を、私的に支配することのできる（私的）財産権に対して、無体物としての「知的なもの」を所有する権利を知的所有権あるいは知的財産権と言っている。著作権法は形式化された知的なものを財産として認める。知的財産権の一つである。知的財産権と言われる権利は二つに大別される。工業所有権。著作権。

工業所有権とは、無体財産権を産業的な側面から捉えた場合の、これまたいくつかの権利の包括概念だ。特許権・実用新案権・意匠権・商標権など。法は、それらを、登録を前提として、財産権として、それぞれ独立させて体系づける。商品およびその流通にかかわる権利だ。

著作権とは、産業的な側面ではなく、文化的な側面からのアプローチによって捉えられた無体物を権利の目的物とした、私的財産権である。著作権は著作権法によって保護される。

✤著作者の利益の保護

日本の著作権法が規定する「著作者の権利」は、著作者人格権と著作権という二つの柱を中心にして構成されている。二元的構成である。前者は、精神的利益に関する権利、後者は、財産的利益に関する権利だ。

『ハンドブック』は、著作者人格権について「著作物について著作者がもっている人格的利益を守るための権利」と言い、著作権については「著作物を利用して収益をあげる財産権」と説明する。

「著作権」(copyright)は著作財産権を指すが、右に述べたように、広い意味では、著作者人格権を含めた「著作者の権利」を著作権と言うこともある。著作権事件とか著作権事典とか、あるいは著作権侵害などという場合の「著作権」は、著作者人格権、著作権=著作財産権、そして出版権、著作隣接権などをひっくるめて表現した語である。

右の権利は、著作者が、その創作を完了した、表現作業を終了した瞬間に無方式で所有する権利。手続き・申告なしに原初的に自動的に発生する〝その創作物の独占的な利用権〟。許諾権(一部に報酬請求権を含む)である。この権利の持主が著作権者である。われわれの言う著者(法の言う著作者)は原初的には著作権者だ。

表3 著作権法上の権利（§は著作権法の条文）

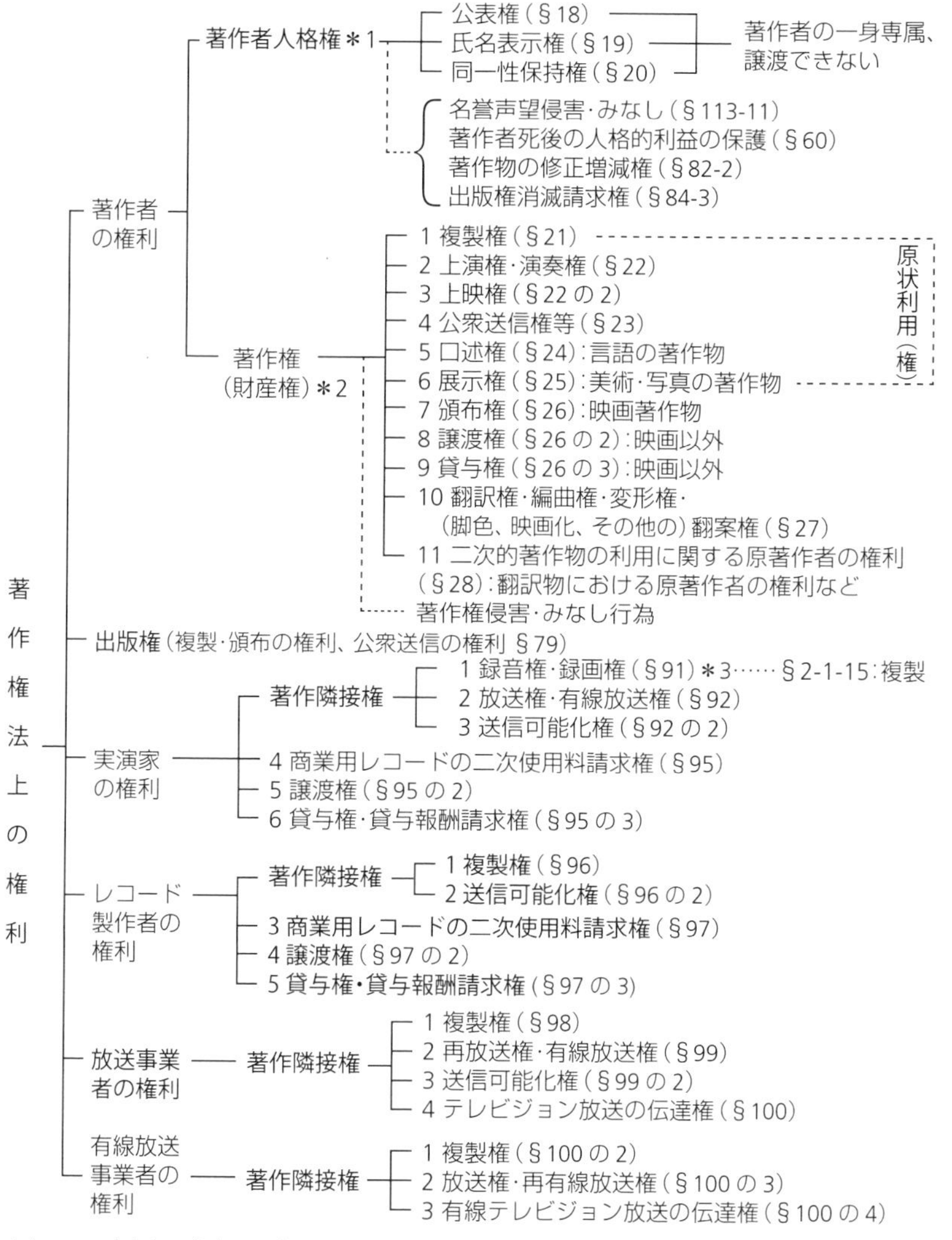

＊1　moral right of the auther
＊2　right of property of copyright
＊3　録音権（写調権）：参考　山本桂一『著作権法』有斐閣、1969年、243ページ。

独占的な権利とは、言い換えれば排他的な権利だ。他人がその著作物を使うことを許諾したり、いやなら断わったりする権利、使用の対価を、合意を前提として自分の判断で定めることのできる権利である。

著作権は外面的形式＝著作物によって確認される。外面的形式――表現形式――を伴わない内面的形式、つまりアイディアのように、目で見ることを得ず、耳で聞きがたい、あるいは手に触れることのできない「もの」は、いまのところ、著作物とは言わない。著作物ではないものに、著作権の発生するはずがない。内面の形式が外面の形式として現われた時、その表現形式について著作権が発生する。アタマの中にあるイメージだけで、創られざる段階での、著作物利用契約、あるいは出版契約はありえない。創作されない段階での約束は、予約契約でしかない。

著作物の使用を、独占的・排他的に主張できる権利は、万能ではない。特定の場合に、著作権は、一定の制限を受けるが、これについては、三〇条以下に明定されている。制限を受ける場合は別として、著作権が「収益をあげる財産権」として活用される場合、使用をＯＫする条件の主たるものは、合意に基づく「許諾料」である。著作物利用料・著作権使用料などと言う。

著作者の好意で、使用の対価なしで許諾された場合でも、利用者は著作物利用料ゼロ円あるいはゼロ％の契約だと、スクエアに理解することが大切。そう考えれば、著作者人格権についても慎重に気配りして作業を進める習慣が生まれることになるであろう。著作者人格権については、言い方はよくないが「編集の技術との絡み」もあるので、出版者たちの経験や、司直の公平な審議によって判示されたところを参考にして、以下、随所で触れることになる。

3 権利の中身 オンラインの権利は？

✤著作権は権利の束である

著作権の客体となる「著作物」について述べ、著作者の権利は著作者人格権と著作権の二つの柱からなると説明した。ではその著作権と呼ばれるものの中身は何なのか。表3に記したが、財産権としての著作権は、著作権法二一条から二八条に規定される十一の権利から構成されている。これらの個々の権利を「支分権」と言い、著作権とはこれら複数の支分権の束でできている。その権利の中身を、順を追って簡単に押さえておこう。

複製権 まずは一番大事な複製権。複製する、コピーする権利。著作権を英語でコピーライトというくらい、複製権は著作権の根幹である。著作権法では複製とは「印刷、写真、複写、録音、録画その他の方法により有形的に再製すること」（二条一項一五号）と定義されている。「有形的に再製する」に注意。放送や演奏といった無形の再生は複製ではない。司法判断では「著作物の複製とは、既存の著作物に依拠し、その内容及び形式を覚知させるに足りるものを再製することを言う」（ワンレイニーナイトイントーキョー事件一九七八・九・七最高裁判決）とされている。「著作者は、その著作物を複製する権利を専有する。」（二〇条）。

上演権および演奏権　次に言語の著作物の権利としての上演権と、音楽の著作物の権利としての演奏権が来る。「著作者は、その著作物を、公衆に直接見せ又は聞かせることを目的として（以下「公に」という。）上演し、又は演奏する権利を専有する。」（二二条）。上演とは演奏（歌唱を含む）以外の方法により著作物を演ずること（二条一項一六号）を言い、「公に」とは公衆に直接見せ又は聞かせることを目的とすること、「公衆」とは「特定かつ多数のものを含むもの」（二条五項）を言う。つまり不特定者はもちろん公衆だが、特定多数も公衆であるということで、公衆ではないのは「特定少数」だけになる。一人で、あるいは特定少数を前に、個人的に歌ったり演じたりすることは演奏・上演ではない。

上映権　著作物を映写幕その他のものに映写することを上映というが、「著作者は、その著作物を公に上映する権利を専有する。」（二二条の二）。上映権はかつて映画の著作物だけが対象だったが、現在はすべての著作物が対象になった。

公衆送信権については、節を改めてあとで述べよう。

口述権　口述つまり「朗読その他の方法により著作物を口頭で伝達すること」に関して、「著作者は、その言語の著作物を公に口述する権利を専有する。」(二四条)。

展示権　これは美術の著作物とまだ発行されていない写真の著作物に関する権利だが、「著作者は(中略)これらの現作品により公に展示する権利を専有する。」(二五条)。著作者(著作権者)は展示の権利を持っているが、その権利と、その美術の著作物を買い取った者(所有権者)がそれを展示する権利との関係に関しては、権利の制限規定によって調整されている(四五条)。

頒布権　頒布という言葉は譲渡又は貸与を意味するが、頒布権という権利は映画の著作物だけを対象にした権利。その他の著作物に関しては、譲渡権、貸与権を規定している。「著作者は、その映画の著作物をその複製物により頒布する権利を専有する」(二六条)。

譲渡権　単純な言い方をすれば、著作物の複製物を他人にたくさん有償無償で譲り渡す権利。映画の著作物以外の著作物を対象とする。「著作者は、その著作物をその原作品又は複製物の譲渡により公衆に提供する権利を専有する。(括弧書き略)」(二六条の二)。公衆に提供ということは、特定少数者に提供することは譲渡権の行使ではないということ(二条五項)。またこの条の第二項では、一度適法に譲渡された著作物にはこの規定が適用しない、つまり著作権者の権利は消滅すると定めている。これを譲渡権の「消尽」という。

貸与権　譲渡権と並んで映画の著作物以外を対象とする権利。これも単純な言い方をすれば、著作物の複製物を他人にたくさん有償無償で貸し与える権利。貸しレコード業の隆盛（一九八四）、レンタルブックの隆盛（二〇〇四）によって創設された。この権利も「公衆に提供」だから、特定少数者に提供することは貸与権の行使ではない。「著作者は、その著作物をその複製物の貸与により公衆に提供する権利を専有する。」（二六条の三）。

著作者はその著作物を二次的に利用する（翻訳し、編曲し、変形し、翻案する）権利を専有し（二七条）、またその権利を使って新たに出来上がった二次的著作物の利用に関して、その二次的著作物の新たな権利者と同一の権利を専有する（二八条）。この権利については章を改めて述べる（第30章、一八五ページ）。

✤公衆送信権、自動公衆送信、送信可能化権

さて支分権の一つ、公衆送信権だが、デジタル化、ネットワーク化が急速に進展するにつけ、この権利の重要性が増し、著作権を有する側にとってはもちろんのこと、編集者を含むその著作物を利用

しようと考える側にとっても、この権利の正確な理解が重要なものになってきた。

インターネット技術のなかった一九七〇年の現行著作権法制定当時、この種の権利は「放送権、有線放送権等」という形で定められていた。著作物の放送・有線放送に関わる権利規定だったのである。ところがインターネット技術の発達につれ、放送とは別にネットを使った送信の権利という課題が生じ、平成9（一九九七）年の著作権法改正で、「放送」、「有線放送」に「自動公衆送信」が加わり、それらをまとめる上位概念として「公衆送信権」という新しい権利が誕生した。その公衆送信とは、「公衆によって直接受信されることを目的として無線通信又は有線電気通信の送信を行うことをいう。」（二条一項七号の二）と定義され、放送とは「公衆送信のうち、公衆によって同一の内容の送信が同時に受信されることを目的として行う無線通信の送信」、有線放送とは「公衆送信のうち、公衆によって同一の内容の送信が同時に受信されることを目的として行う有線電気通信の送信」とされた。そしてネットを使った送信のうち、公衆を対象として自動的に行われるものを「自動公衆送信」と名付け、「公衆送信のうち、公衆からの求めに応じ自動的に行うもの」としたのである。

公衆送信権は、放送、有線放送、自動公衆送信、そして著作権法には規定がないが、自動でない公衆送信、つまり公衆を対象とした手動等による送信、クリッピングサービスや一斉メールといった、ファックスやメールによる一斉送信の権利の四種の権利からなることになる。

この権利が著作者の専有するものとされた（二三条）。他人がその著作物をネット上で公衆に向けて送信するには、著作（権）者の許諾を要することになった。

そのような公衆に向けて、インターネットを使って自動的に著作物を送信する権利＝自動公衆送信権が著作者の権利となったと同時に、公衆からの求めに応じていつでも送信できるように、サーバコンピュータ上に著作物をアップロードしておくこと、つまり公衆送信の準備をしておく行為も、まだ実際に送信行為が行われなくても、その著作物を利用した行為として、著作者の権利とされた。これを**送信可能化権**という。

オンライン利用の権利は支分権の中で、このような位置づけになる。

✤ネット上での利用ということ

このように著作権の支分権の中に、自動公衆送信、送信可能化権を含み持つ公衆送信権というものが確立されてくると、他人の著作物を利用しようとする際に、もちろんそれが保護著作物（後出）であった場合には、著作権者の許諾を必要とするわけだが、そのためには、依頼する側が、どういった利用方法に対する許諾を得るのかをはっきりと認識・把握していなければならない。例えば複製、演奏、口述等の利用を企画し、権利者の許諾を得ようとする場合、その複製、演奏、口述等の利用許諾が必要なわけだが、もしその企画がネット上での利用つまり自動公衆送信の利用も含むものであったとすれば、権利者から複製、演奏、口述等の許諾を得るとともに、自動公衆送信の許諾も得なければならない。紙媒体での印刷だけを考えているのか、それともホームページやブログでの掲載も含むのか、演奏・上演ができればいいのか、それともその演奏・上演をネット上で展開したいのか、ということである。

その延長線上に、紙の書籍と電子書籍の関係もある。書籍の本体となる言語の著作物であれ、そこに掲載する美術・写真・地図等の著作物であれ、対象とするものが著作物であるのならば、権利者からその著作物のどういった利用方法に対する許諾を得なければならないか、利用者はそれをまず把握していなければならない。紙の書籍だけを考えているのであれば、複製と譲渡の許諾を得ればいいが、電子書籍も考えているのであれば、自動公衆送信の許諾も必要となる。それを把握していれば、対象が許諾を必要とするものかどうかの判断、あるいは権利者は誰なのかの考察、また許諾を得る手だて、利用に際しての権利者に対する心配りなどは、紙媒体でもオンラインでも変わりはない。

4 著作物の出版契約

✤ 著作物を書籍として出版する

著者が著作物を世に出すに際して、雑誌・新聞・パンフレット等と書籍とでは、著者と発行者との間の義務や権利の決め方が違う。

雑誌・新聞・パンフレット等の場合は、多くは細かい義務や権利などの取り決めのない口約束である。口頭の約束も契約ではあるが、言ってみればこれは一回限りの掲載を決める単純掲載契約であり、その一回限りというのも、定期刊行物（雑誌）であれば、掲載号の次の号が出るまではほかの媒体に載せないという道義的約束事がある程度のものだ。

それに対して書籍にする、つまりその著作物を出版するとなると、これはたとえ口頭の約束であったとしても、他の書籍にも載せることを許すかどうか、つまり独占出版か非独占出版かとか、出版期間はいつまでか、対価（著作権使用料）の額と支払方法などを、著者と出版者双方の合意のもとにとりきめる、契約となる。

初めてその著作物を書籍として出版する場合、ほとんどは独占出版である、それはそうだろう。書籍を出版するにはおカネがかかる。印刷にも、製本にも、流通にも。しかも、それなりのおカネをかけて作ったその書籍が、もくろんだだけ売れるという保証はない。出版するには売れなかった場合の経済的損失を負担する覚悟がいる。その危険を覚悟で出版者はその著作物を書籍として出版する。であるならばその書籍を出版する行為は、少なくとも一定期間、一年とか三年とか五年とか、他の者には同じことをさせない、独占的なものでなければ割に合わない。そこで著者と出版者との間で結ばれる契約には、独占許諾をうたったものが多くなる。表4のⅠのうちの独占型である。

ここで表4に沿って、著作物の出版を可能にする契約の類型を、紙の本の場合に限ってざっと浚ってみよう。

まずは著者（著作権者）が出版者にその著作物の出版を許諾すると取り決めるⅠ「出版許諾契約」である。これは著作権者がその出版者に断りなく他の出版者に同じ著作物の出版を許諾できる〈非独占型〉と、契約相手の出版者にだけ出版を許諾する〈独占型〉に分かれる。独占型には当然、特定出版態様（単行本、文庫版、豪華本といった出版の形態）に限った独占か、それとも全出版態様を独占するのかという、分化が生じる。契約には民法に基づく「契約自由の原則」があるから、出版に関しても、双方が合意すればどのような契約を結んでもいい。ここで合意したことは著者と出版者との間の約束ごとだからお互いを縛る。お互いを縛りはするけれど、契約外の第三者には何の効力も持たない。

次にⅡ、著作権法の中に定められた「出版権の設定」ということを行う出版契約がある。この設定の中身や著作権法の中にこの条項ができた経緯は次に述べるけれど、著作権者がその著作物の複製権のうちの書籍として出版する権利（出版権）を、出版をしたいとする出版社に預ける（これを出版権を設定するという）契約をするというやり方である。これは基本的に、全出版態様に対応するものだから、*Ⅰの出版許諾契約のうちの全出版態様を対象にした独占許諾契約と似てくる。ただしこちらは法に定められた行為として、第三者にも効力を持つ出版契約となる。

三つめは著者が他者に対して出版ということを許諾する基になっている権利、つまり著者がこの著作物に関して持っている著作権の中の複製権という権利を、あるいはこの著作物に関する財産権としての著作権全体を、出版者に譲渡してしまうというやり方である。著作者人格権は終生著者だけが持つ権利で、他者に譲り渡すことはできないが（これを一身専属性と言う。）、著作財産権は譲渡可能な権利だから、著者と出版者はこの著作物に関する著作権譲渡契約を結び、その結果出版者は、この著作物の複製権者として、あるいは著作権者として、自分が権利者となった著作物を出版するというやり方である。

＊設定契約書中に出版態様を限る文言があり、それが認められた判例もある。平成11年3月29日判決「出版権設定契約による文庫本事件」東京地裁

表4 著作物の出版を可能にする契約（紙の出版の例）

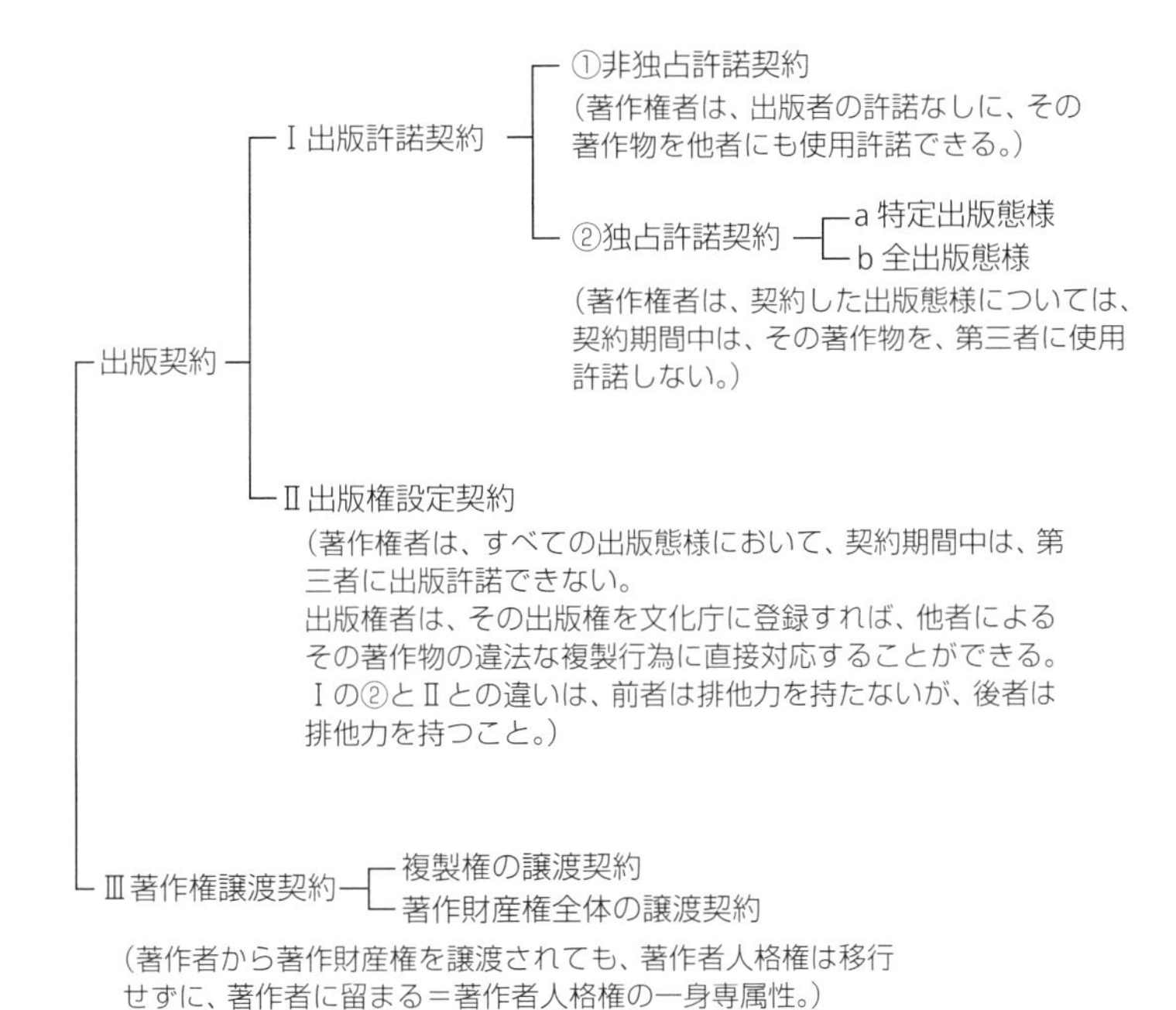

✤ 出版権設定制度の誕生

ここでⅡの分類に表れた出版権設定という制度について述べてみよう。

古い話になるが、旧著作権法時代の昭和9年、法の一部改正により著作権法に「第二章　出版権」が加わり、「出版権設定」という制度が日本に誕生した。著作物を出版する権利に関わる日本独特のやり方で、この制度は以後、現在に至るまで継承されている。

当時というか、昭和初年頃から、出版業界は「円本ブーム」「文庫ブーム」に沸く一方、それに伴う出版独占の権利の乱れに苦しんでいた。「円本ブーム」とは、改造社が大正十五年に社運を賭けて一冊一円で出版した「現代日本文学全集」に予約が殺到し、期待をはるかに超える利益を上げたことを皮切りに起こった廉価版の全集ブームのことで、新潮社、春秋社、春陽堂、平凡社などが、世界文学全集、大衆文学全集、思想全集、戯曲全集、美術全集などを競って出版した。「文庫ブーム」とは昭和2年の岩波文庫創設に始まり、第二次新潮文庫、改造文庫、春陽堂文庫と続いた文庫版のブームのことである。驚異的な収益による業界の活況はその後ほどなく収束し、ブームは去るのだが、このブームと同時進行する形で、出版を独占する権利という問題が出版界でくすぶり始めたのである。全集収録や文庫収録という形で旧作が複数の出版者から刊行される事態に味を占めたのか、新しい作品に関しても、著者が出版社と契約して出版されたあと、この著者が契約を無視し、あるいは強制的に解消して、別な出版社から同じ作品を出版するということがしばしば起きるようになった。

経費を費やし、危険を冒して出版を行った先行出版社は困った。売れる著者、商売になる著者と喧嘩をするわけにはゆかない。そこで業界として国会に働きかけた。著者には著作権法があって、みだりに他人がこれを侵すことはできないが、出版業者の出版の占有権は今まで法的に認められてこなかった、これを何とかしてほしいというわけである。

細かい経緯は省くが、いくつかの制度が検討され、その結果誕生したのが「出版権設定制度」である。*著作権者は出版を意図する者に「出版権を設定する」ことができる。出版権を設定された出版者は、その著作物を出版する権利を専有できる。これは法によって保証された権利だから、著作権者に対してだけでなく、第三者に対しても効力を持ち、出版権を設定された出版者は、後行出版を差し止めることができる。

著作権者が出版者に対して出版権を設定することができ、設定された出版者がその著作物を出版する権利を専有できるというこの制度は、第二次世界大戦の敗戦を経ても変わらず維持され、更には一九七〇年(昭和四五年)の著作権法全面改正によって誕生した新しい著作権法＝現在の著作権法の中にも生き残った。

*その間の事情は、小林尋次著『再刊現行著作権法の立法理由と解釈』(昭和三三年文部省刊)平成二二年、第一法規刊)に詳しい。

✤設定契約と独占許諾契約

戦前、戦後、新＝現著作権法施行後、この出版権設定制度の元で、出版という作業が実際にどの程度出版権を設定された契約の元で行われてきたかは分からない。契約書もなく口約束だけで出版が行われてきた例もあるだろうし、対価の取り決めなどの他には単に「出版を許諾する」という契約書で進められてきた例も多いだろう。円本ブームの頃のような、著者による二重出版は極めてまれなケースだろうから、長く、出版権の設定の必要性は身近なものではなかったかもしれない。

更に出版権の設定にはいくつかの縛りがあった。一つは、設定された出版者には「継続販売の義務」があり（八一条）、出版者は、読みたい買いたいという読者の要求にいつでも応えられるよう在庫を持っていなければならず、持っていなければいつでも契約を解除される恐れがあることである。もう一つは近年まで、出版権を設定された出版者は、その著作物の第三者による二次出版を再許諾できなかったことである（八〇条三項）。これは著作権者も出版権者に出版の権利を専有させた以上、自ら第三者への再許諾はできないから、設定の対象となった著作物は法律上、設定出版権者以外の出版者から出せないことになっていた（文庫版を他社から刊行というようなことは不可だった）。また第三者による同じ著作物の無断出版ならばともかく、著作権者がのちに第三者に二重に出版権を設定したような場合に、先行契約出版者が自らの出版権の設定を現実に有効とするには、先に文化庁に登録しておかなければならない。これには一定の金額も必要なこともあって、設定契約を結んではいても、実際に登録される例は極めて少なかった。

このような出版権設定契約の不便さもあって、出版界ではなかなか設定契約が広まらなかった。もちろん旧来からの、相手を信用しているからこそ出版を許諾するのであって、契約なんて堅苦しいことは嫌だといった考え方が根強く残っていたこともあるだろう。一方で、先に触れたように表4のⅠの全出版態様に対する「独占出版許諾契約」とⅡの「出版権設定契約」が第三者対抗以外に大きな差がないのであれば、より自由のきく「独占出版許諾契約」でいいのではないかという考え方も出てきた。日本書籍出版協会(書協)は古くから出版権設定契約を出版契約のひな型として会員社に推奨してきたが、日本ユニ著作権センターでは出版利用を独占的に許諾するだけでなく、様々な二次的利用も視野に入れた著作物利用許諾契約書のひな型を作り、これもセンター独自の出版権設定契約書ひな型と共に、２００５年に発表した。この時には書協も従来の設定契約ひな型とは別に、著作物利用許諾契約のひな型を発表した。

２０１０年頃には、書協もユニ著作権センターも、従来のひな型を見直し改定する動きがあり、他にも各業界団体独自の出版契約のひな型作成の動きがあり、しばらくは出版権設定契約と独占的出版許諾契約が並立する時代が続いた。

この頃から、いやもっと以前からだが、時代は急速に変わってゆき、デジタル化・ネットワーク化の波が出版界にも押し寄せてきた。出版を語る中に電子出版という言葉が見え隠れするようになり、出版という行為が、紙媒体への印刷だけでなく、ＣＤ‐ＲＯＭや電子辞書といった有形電子媒体での行為を含むようになった。２０１０年頃の出版契約ひな型改定の動きは、この有形電子媒体への利用を契約内容に含みこもうとした動きであった。

そしてデジタル化・ネットワーク化の波は、電子出版というものを現在のように、インターネットを使った電子書籍の配信を指すものに変え、紙媒体への印刷による出版と並立する、オンライン出版とも呼ぶべき大きな世界が広がってきた。

✤平成26年改正による出版権の大変化

そのデジタル化・ネットワーク化の大きなうねりの中で、２０１４年（平成26年）、著作権法に大きな改正が行われた。著作権者により出版者に設定される出版権に、紙媒体への印刷による出版の権利と並んで、ネット配信によるオンライン出版の権利が認められたのである（七九条）。

出版権は、紙及びＣＤ‐ＲＯＭのような有形のものに著作物を複製して譲渡する第一出版権と、電子化した著作物をサーバコンピュータから読者の元へ配信する第二出版権の2種類となり（八〇条）、前者を設定された者は第一号出版権者、後者を設定された者は第二号出版権者とされた。

出版権者は改正以前の紙媒体のみの場合と同じように、継続出版（継続公衆送信）が義務付けられ、その他の権利義務内容も継承されたが、大きく変わったのは第三者への再許諾条項である。改正以前は出版権者は第三者にその著作物の出版を再許諾できないとされていたが、この改正によって出版権者は、著作権者の承認を得た場合に限り、複製又は公衆送信を他人に許諾できることになった（八〇条三項）。これはオンライン出版において、出版者自らが公衆送信すること、あるいは配信業者をいわば手足として使って公衆送信することができない場合も多々あることから、配信専門業者に公衆送信を再許諾しなければならないケースを考えての措置だったが、再許諾禁止だった出版権が再許諾可能となった意味は大きい。著作権者の承認を得れば、出版権者は第三者に複製譲渡による出版を許諾できるのである。

また、この出版権に関する法改正により、電子書籍を配信する出版者も出版権を設定された「出版権者」になれば、その著作物を自動公衆送信する第三者に対して法的に対抗できることになり、デジタル化・ネットワーク化の進む世界における「出版権者」の法的重みが増した。更に書籍ごとの書誌情報や流通情報を集積・公開している「出版情報登録センター」には、そこに出版権の設定情報を加えようという動きもある。となると出版契約は、事情の許す限り出版権設定契約であった方がいいということになる。

もちろん紙媒体のみの出版はまだまだ多く、紙とオンラインを併用すると言っても、一部を除いて紙媒体を先行させる出版が主流である。しかしオンライン出版が出版権として法的に位置づけられた以上、これからの出版契約においては、その著作物のオンライン出版をどう規定しておくかが大変に重要になってくる。編集者はそこまで目配りした上で、著作権者との出版契約に臨みたい。

著作物等の使用料

出版活動の多くは　他人の著作物を使って冊子などを作る営みである。当然、著作物の使用にあたっては著作権者の許諾を要する。著作物使用には著作権が働くからである。「許諾」の条件の具体的なものの一つ、著作権使用料を支払うことで掲載が可能になる。したがって、著作権が制限される場合を除いては、著作物の使用契約が必要である。

✤原稿料

広い意味で「原稿」という語は、原著作物たる文章、画稿、写真原稿などを指す。その原稿の著作者が所有する複製権を、一定の条件の下で、出版物の発行者サイドに借用して、紙上等に著作物を掲載するのであるから、発行に先だって、掲載目的やその使用条件が合意されていなければならない。原稿料の額の決定はその中心的な一つである。

書籍にも複数の著作物で成り立つものが多いが、新聞、雑誌、ミニコミなどの定期的・継続的刊行物は、表8（一一一ページ）のⅠ許諾を前提とした権利著作物、Ⅱの①著作権の保護期間の終了したもの、Ⅱの②著作権の制限されたもの、Ⅲ著作権のない表現物　などによって構成されている。そしてⅠには多くの場合「原稿料」とか「印税」という名の著作権使用料が支払われる。中には同人雑誌や、学者仲間の論文発表のための書誌のように無料の場合もあるが、それは、原稿料ゼロ円、印税ゼロ％のことであって、本来的にタダのものではないと考えておきたい。

著作権使用料の支払いは、一括支払方式と印税方式の二つが典型的である。この二つを併用することも、もちろん可能である。支払方式・支払額は、著作者と出版者の間に一定の慣行があるように見えるが、その契約は自由が原則。慣行に従うのが便利なだけの話である。

✤賃貸借の契約料

また、ⅡやⅢの場合でも、物の利用について便宜を与えられた場合、謝礼をすることもある。著作権の使用料ではない。物の所有権に伴う利用収益権への対価である。たとえば、文化財としての文献や国宝の撮影・複製について、寺社に支払うが如きである。

✤ 一時金払方式

書籍以外の出版物は、多くの場合「単純な掲載許諾契約」によって発行される。雑誌では著作物利用料のことを原稿料とか掲載料と称し、絵画や写真の掲載料を画稿料、画料、写真代などという。すべて著作権使用(あるいは著作物利用)の料金のことである。時には「謝礼」(謝金ともいう)という形式で支払う。雑誌・新聞は掲載原稿を、多くの場合、著作権者によって他の出版物などに転用されてもよい前提だから、一時金=一括支払なのである。新聞社や雑誌社は、記事の鮮度が大切なので、通常はその口頭契約について、次号発売まで、その著作物を自社の出版物に拘束したものと理解し、著作者もそのように配慮してきたのが、定期刊行物における単純許諾の慣行である。単純許諾とは、非独占での著作物の使用契約、単なる掲載契約を言う。

書籍についても、口頭による一時支払いの単純掲載契約を見かける。しかし、書籍では、多くの場合、出版者が一定期間の「独占」を希望する。文書なしの口頭契約=口約束では、単純契約とまぎらわしく、内容が曖昧なため独占性の弱い結果になりかねない。

そこで、書籍出版者の多くは、契約を、文書という確証によって行なってきた。その文書契約では永い試行錯誤の結果から学んだいくつかのパターンによる「支払方法」が考案されている。前章で述べた各種の出版契約書ひな型は、契約のスタイルおよび著作物の使用料を定めるための参考になると思う。

✤ 印税方式

最近では画集や写真集も印税方式によるものが多いが、文章が主たる出版物にあっては、以前から、印税方式が主流である。

印税(royalty)方式とは、出版物の定価などに一定率を乗じ、さらに発行部数あるいは実売部数を乗じた総額が、出版者から著作権者に支払われる方式である。印税による支払いは多様で個別的で、その決定はむずかしいが、一般に一〇%が慣行であるとされる。理工学書は、現在では実売部数、文芸関係では発行部数(複製・頒布の数)で支払われる傾向である。「実売」方式には保証部数を約束するのが常である。出版者にとっても、著作権者にとっても、この両方式は一長一短である。

自由経済社会の印税支払方式は、著作権者と出版者との力関係によって左右される。慣行も大切だが、出版者は、ロイヤルティの決定について、予想される読者＝利用者との需給関係の掌握に苦しむ必要がある。苦しむことが出版行為を支えているのだ。「印税一〇%」は一応グローバルな標準とされるところから、それから大きくはずれることのないよう工夫と努力がつづけられていると思われる。

1　著名な学者の特定な学術書・論稿一〇%を超える場合としては、たとえば、

2　少数の流行作家の小説などがある。筆者も絶頂期の著名な執筆者に一〇%を超えて支払った経験がある。
次に一〇%より低い印税の例も挙げておこう。

児童書　出版界では、幼年、少年・少女向けの出版物は、その内容が多かれ少なかれ教育的であるという理由で、印税率をおさえ、買い易い価格で発行してきた。家庭の負担も考慮して、出版者は利益をおさえるのが普通。文章表現を中心とした児童物の単行本で大をなした出版社は、古来稀なのである。一方、著作権者もそのことを配慮してきた傾向がある。しかし、もし、その書籍の売れ行きが予定を下まわり、重版が少ないとなると、児童物の執筆者は、他のジャンルの著作者に比べて相対的に恵まれないという問題がでてくる。印税五%の児童文学者もいたし、場合によっては一括支払方式の場合もあり得た。どの場合も著作者と出版者は印税一〇%へ近づく努力はしていたはずである。五%が七%、八%となり一〇%となった例も見られるようになってきた。児童書の印税の率の決定は出版者にとっても苦しい選択であるが、著作権者の不満を十分解消できないでいる。

廉価で多部数の出版物・定価と部数の関係　定価を安くすることで多くを売ろうとするのは商行為の常道だが、薄利多売を期待して、そのために著作権者と出版者の両方が一冊についての収入を低くおさえようとする場合がある。
たとえ話を一つ。定価一〇〇〇円で三〇〇〇部の書籍、印税一〇%なら著作者の収入は税込三〇万円である。それを一万部売ろうとする。定価を八〇〇円に下げる。印税も六％に下げる。著作権者の収入は四八万円となり五割強のアップである。

一〇〇〇円×三〇〇〇部×〇・一

八〇〇円×一〇〇〇〇部×〇・〇六

印税を下げることが収入減にならない場合もあるのだ。

無名な新人の著作物など　すでにおわかりと思うが、一時金としての原稿料にせよ、印税方式にせよ、支払方式の選択幅は広く、関係者の力関係や出版者の市場性の認識が「額」や「率」を決定するポイントなのである。

原稿取得の競争、新規の著作物と既公表のそれ、独占期間の長短、すべての出版態様の独占か、それともハードカバーとか文庫とかの一態様での限定的独占使用権なのか、一冊の中の文章部分と絵や写真とのスペースの比率をどう勘案すべきかなど……。印税は、多くの要因を総合判断して決定されるのが本筋である。この試算を執拗に繰り返すことだけが出版行為を成立させる。

もし出版者が、慣行を信じ、軽々な判断で印税率を不適正のまま契約すれば、自らの生殺(せいさつ)はもとより、著作者の創作活動のための拡大再生産の原資たるべき経済をも縮めてしまう。著作財産権をかたちにすることは、やさしいことではない。しかし、なかなかロマンチックな営為なのである。

参考　美作太郎「原稿料・印税の法理と実際」(松浦総三編著『原稿料の研究――作家・ジャーナリストの経済学』日本ジャーナリスト専門学院出版部、一九七八年、二七八ページ～所載)

6

著作者と著作権者

著作者人格権と著作（財産）権

✤ 著作者と著作権者の分化

著作物の創作者を著作者と言い、著作者は著作権を享有する。それで著作権者と言われる。著作物が誕生したとき、発生点では、著作者と著作権者は同一人である。

しかし、著作者と著作権者は、のちに、別々に存在することがあり得る。

著作者は永久に著作者である。一身専属としての著作者人格権を背負って存在しつづける。著作者名を他人に譲ったという話を聞いたためしがない。梨園はもとより、伝統的な芸能では襲名という習慣があるが、それでその役者や芸人の著作権や著作隣接権という私有の権利が移るわけではない。一つの著作物の著作者名が他人の名前に変わっていたら、その演出者は、盗作とか剽窃（ひょうせつ）をした著作権侵害者として罰せられる。

著作者は動かないが、著作権者と言われるほうの「者」は、途中から他人に変わることがある。著作権を「売る」ことも承継することも許されるからである。広い意味の著作権のうち著作財産権と著作者人格権を切り離して、前者の譲渡契約を結ぶ著作者がいる。土地などの「物」の所有が移行するように。財産分与の対象。

また、著作権の保護期間が過ぎれば、その著作物の財産権は公有に帰するので、それ以降は、他人である利用者は、無断・無償で複製頒布できる。public domain software になるわけだ(映画・アニメーションの著作権保護期間については、二八〇ページ)。

このように、はじめ著作者と著作権者は同一人だが、あとで、分化していく。

ただし、一定の場合、一定の条件の下では、はじめから著作者と著作権者が別々になる。映画の場合とか、会社や組織の中で創られる著作物の著作者と著作権者の関係がそうである。

編集者へひと言――著作者の人格権は一身専属であって、財産的権利のように移行することはない。あとで述べるが、著作者人格権とは、その中身は、①公表権(一八条)、②氏名表示権(一九条)、③同一性保持権(二〇条)だ。だから、著作物を改変して利用したいときは著作権者ではなく、創作者たる著作者に許しを受けるのが筋道である。著作者以外の著作権者は、原作のまま利用する許諾を得るための権利者と心得ること。

著作者が生きていると、多くの場合、著作者と著作権者が同一人であるために、その者との交渉ですべてが済んでしまう。そういう習慣があるために、著作権が移行しているような場合でも、移行先の、つまり著作権者と相談して、原作の改変利用をしてしまうことが多いのである。複製の相談相手と、内容の相談相手を、つい、ごっちゃにしてしまうわけだ。著作権者たちも、また、つい、著作者を忘れてしまい、著作者人格権のうちの同一性保持権を軽んじてしまう。自分の自由に裁量できることのように錯覚して、改変をＯＫしてしまうのである。

ひどい例では、絵画の持主（所有者・所蔵者）に相談して、部分をトリミングして複製利用したり、改変して利用することがある。絵画などの所有者は、著作者でも著作権者でも著作権を継承する者でもない。著作者と特約なければ単なる物の持主である。原作者たる著作者の人格権は原作者にしかない。

題号についても、同様に、著作者に無断で改変すべからず。題号そのものは、多くの場合、標語・スローガン・キャッチフレーズ同様、独立した著作物ではないが、著作物の一部を構成するところから、著作者の意向のままに表現するか、了解を前提として変えるようにしなければならない。

氏名の表示についても、著作者自身がきめる。他人が無断で変えてしまうのは、一九条によって許されないのである。

1　自分を実名で表示する権利

2　著作者名として知られたくない権利——無名とする自由

3　変名によって表示する権利

右三点は、著作者の専有にかかる権利である。ハードカバーの出版物を文庫に再使用、つまり二次使用する場合でも、あるいは、映像化するような二次的使用の場合でも右の三要件は同じである。改変・変形には許諾がいる。

✤ペンネームと実名

著作者が原稿に記載したペンネームを、発行者側が実名に変えることがある。実名をペンネームや変名に直すこともあり得る。編集者が、気を利かせてそうすることがあったとしても、それらの行為は許されない。

ただし、ラジオやテレビの場合のように、あるいは映画のバックミュージックなどの音楽著作物の場合など、表示が困難な時には、表示なしでも、著作者の人格的利益が損なわれていなければ許されることがある。一九条三項参照。

このあとのページで、著作者人格権について、判示された例によって説明する。

✤映画の著作権者

例外的に、著作物の発生点において、著作者と著作権者が異なることのあるジャンルがある。映画の場合がそうである。

映画の著作者とは、「その映画の著作物の全体的形成に創作的に寄与した者」（一六条）だ。もとになった言語の著作者、映画の製作・演出・撮影・美術等々の担当者、もっと具体的に言うと、プロデューサーや総監督、ディレクター、撮影者（カメラマン）、美術・録音などの監督、フィルム編集者等である。映画は右の者たちの総合的芸術だ。各人の寄与・貢献が分けられる部分は別にして、錯綜した部分は、共同著作物だ。右メンバーの共有著作権。一九〇ページ参照。

また、大きい映画会社やプロダクションでは、右の参加者たちは、その法人などの従業員であろう。組織の命令での職務上の製作参加というのであれば、その法人が、著作者になる。これは「職務著作」とか「法人著作」と言われている。二〇八ページで述べる。

映画の著作権者――著作者に対して、著作権者はどうか。日本の著作権法では、映画の著作権者は、一定条件の下では、のっけから映画製作者ということになっている。ものとしての映画の製作者は、一定の権限を持ち、映画成立の発意と責任の主体者。リスクを背負う。それで著作権者とされる。

著作者と著作権者が別にスタートすることで、かえって、多様な参加者や興行上のトラブルを避けることができたといわれる。もちろん、この規定には、時に問題を含むことがあり得る。

因みに――、著作権者としての映画製作者は、当該映画の上映権（二二条二）および頒布権（二六条）を有する。平成一一年の法改正で、映画に限らず、すべての著作者に、上映権が付与された。

映画は、書籍・雑誌・新聞・社内報などの出版物と違って、一つの複製物が一人の読者と向き合い、個々に利用関係が成立するのではない。一本のフィルムが、同一場所・同一時間に特定・不特定の多数に鑑賞されるため　著作権法が、特別に配慮したものと思われる。このような規定の立法過程では、賛否両論があったと聞くが、現実的な判断で現行のようになった。

第二九条（映画の著作物の著作権の帰属）第一項　映画の著作物（中略）の著作権は、その著作者が映画製作者に対し当該映画の著作物の製作に参加することを約束しているときは、当該映画製作者に帰属する。

7

著作者人格権

著作者の志の尊重

✤執筆者の名が「落ちていた」、あるいは「落とした」本についての裁判

一九六七年四月、国立大学医学部のY助手によって執筆された原稿つまり著作物が、同大学のO助教授に提出された。その著作物は、同大学のS教授へ。S教授の編集にかかる『胃疾患の診断と治療』という書籍に掲載のために書かれたものであった。

その原稿――原著作物――は、一定の編集方針によって複数の執筆者により分担執筆される前提で依頼されたらしい。その執筆者にとっては、右「編集著作物」の一部分を構成する独立した著作物になるはずのものであった。この医学書が発行された時、Y助手の著作したことを示すべき個所にその氏名が見あたらない。本のどこにも氏名がなかった。そこで「著作者の氏名の脱漏」は、著作権の侵害（著作者人格権のうちの氏名表示権の黙殺）だとして、Y助手が提訴したのである。Y助手が原告。そ

の出版物の主要な関係者は、S教授と出版者（社）ということで、それが被告である。裁判という名の争いが両者の間で展開されることになったのであった。

参考

北村行夫『判例から学ぶ著作権』（新版）、太田出版、二〇〇四年、二一三ページ。

馬場巌、尾中普子「氏名の不表示——「医学論文集」事件」、『別冊ジュリスト No.91』有斐閣、一二二ページ。

松本重敏「改訂と出版者の注意義務——薬学書事件」、『別冊ジュリスト No.157』有斐閣、一二二ページ。

原告の言い分

原告Y助手の指摘した問題点——

1 発行された出版物は編集著作物であるが、その一部分を執筆したY助手の氏名が表示されることなく公表された。章の文末にも目次にも、同様に執筆参加したHほかの氏名表示があるにもかかわらず、Y助手の氏名が欠落している。

2 Y助手の著作物——原稿——が三つに分断され、Hなどの原稿が挿入されて収録されているのは心外である。承服できない（著作者人格権のうちの同一性保持権の黙殺）等——。

という指摘。Y助手のものが雲散霧消しているのではなく、——そうであれば、それなりの不満が予想されよう——分断され他人の筆が加わりその他人による名義で公表されているのである。氏名が明示されないところから、Y助手の著作物は、あたかも他人の執筆にかかるが如く編集されていたことになる。そもそも事前の執筆契約、執筆の予約契約は口約束が一般的だが、医学等の出版物を発行するにあたっての原稿の吟味やその内容の公表の仕方とかには、その是非は別として、一部の小社会に近代化されていない慣行があるらしい。本の作られ方と著作権処理について、この裁判は多くの教訓を含んでいるのである。

何人かが、力を合わせて一冊の本を作ること

前に述べたように、Y助手は国立大学医学部助手である。のちに被控訴人となるS教授に依頼され、執筆をOKする。――それは法的には執筆契約である――。かくして、Y助手はS教授の編集名で出版されるこの書籍の編集補助者たるO助教授に原稿を渡したのであった。このような出版物の作られ方は、教授―助教授―助手という典型的な縦社会における、よくある、方法、あるいは慣習である。学統における上下、師弟、先輩後輩の連携動作とも友情ともいえるスタイルなのである。

Y助手は、あえて、S教授と発行者たる出版社を著作権侵害で訴えた。訴えるまでに、どのような「話し合い」があったか、知るよしもないが、また、当初にどのような約束、契約での原稿の受渡しであったかも、第三者にはわかるはずもないが、Y助手が筋を通そうとしたについては勇気が必要であったろう。いずれにせよ、事実については司直の分析と結論に聞くしかない。ただ、このような争いをみていると、教授・助教授・助手あるいは社長、部長、課長、そして教祖と布教の支部長と信者などなどの上下的小社会では　横の問題でよいはずの部分までが縦になってしまう日本的現実がみえてくるような気がしないでもない。因みに、この編集著作物の完成過程に、編集者は関与していなかった。出版社は、持ち込まれた完全原稿（という理解）を安心して受領したものと思われる。

裁判では　はじめの千葉地裁の判決（昭和五四・一一・一九）、のちの東京高裁の判決（昭和五五・九・一〇）は、ほぼ同断である。判決を原告の言い分に照応させて箇条書きしてみる。

1　氏名の脱漏は、著作者人格権の侵害であること――氏名表示権――。

2　Y助手の文章を分断したのは、執筆にあたっての約束の範囲内であり、裁判の争点としないこと（筆者註―約束の範囲といえない場合は、当然著作者人格権――同一性保持権――の侵害であろう）。

3『胃疾患の診断と治療』は、持込み企画なので、出版社は無過失であること。裁判官は「持込み企画なので」出版社に注意義務はないとしたのである。出版社の主体的な判断で執筆者が決まったものではなく、その編集著作権者も出版者ではない。すなわちS教授が編集著作権者であるため、出版社を追及しにくいということであろうか。

4　S教授に対しては、

a　Y助手の精神的苦痛に対する損害賠償として金三万円。

b　訴訟提起に伴うY助手の弁護士費用の損害賠償として金一万円。

c　以上a・bの合計金四万円を支払うべし。

というのであった。

判決では、Y助手の主張した、分断・改変については、不問とされ、あらかじめ了解承知していたこととされた。この書籍の場合は、出版社すなわち編集者が、分断利用された原稿のあることを知らず、したがって、その吟味をしていない。このような認識によって、S教授と出版社との共同不法行為としての、損害賠償および謝罪広告についての原告の請求は棄却するという筋である。

著作者人格権の三つの内容のうち、

1　公表権についてはあらかじめ前提とされているので一応問題はない。

2　氏名表示権については、原告の主張が是である。

3　同一性保持権については、Y助手の著作物の分断利用について、執筆前に承諾されていたもの。と判示された。

筆者の勝手な憶測では、S教授やO助教授の地位とY助手の地位が、関係者の間では、そのまま、その原稿のネウチの軽重に反映していて、日常の身分的縦系列が、縦社会的支配系列に重なっていやしないか、などと余計なことを考えてしまう。

助手の書いたものを教授が点検・校閲する、つまり指導・監修を一歩進めて修正増減することが、善意によって、心やすだてに――ということで容認されてきたのであろうか。いずれにせよ、これは永い慣行の上に立った〝本来あるべき契約意識〟の外の問題であった。そこには縦と横の錯綜・錯覚があるやに思われる。

一九六七年から八〇年までの抗争中に、出版者等によって、侵害部分の訂正があったとしても、訂正されることなく頒布された本書籍は、たとえば「引用」という複製手段によって、第三者に利用される可能性があり、Y助手からすれば、その名誉や人格は、守られているとは言えない。この点についてもY助手側は揚言しているが、侵害行為に対する「事実広告の掲載」は、必要なしと判断されたのであった。

この裁判での「持込み原稿」、つまり出来あいの原稿を複製・頒布契約した出版社の責任について、『知的所有権法基本判例〈著作権〉』（土井輝生、同文舘出版、一九八八年、三三ページ）では次のように述べている。「書物を印刷し発行する主体は出版社であるから　編集者とどのような関係にあったにしろ、執筆者の人格権について、第一次的に責任を負うのは出版社でなければならない。」

これは、判決に対する批判であろう。出版者には聞くべく掬（きく）すべきコメントである。

著作者人格権については、前掲の表3および三八ページも参照されたい。

8 著作権の及ぶ範囲(1)

表現物の著作物性

新聞や雑誌は、いろいろな著作物・表現物を掲載する。何を扱うか予測できないところが魅力でもある。定まった記事のほかに、唐突な情報が載っているところがたのしい。先に挙げた著作物の例がそのままあてはまらない、著作物としての性質のはっきりしない領域のものも多く利用される。著作権のトラブルはこの地点で発生することも多い。

そこで新聞や雑誌にしばしば掲載される、しかも、その権利関係が曖昧に処理されている素材の著作物性について考える。

✤ いろいろな表現物

銅像や石碑　旅行ブームである。名所や旧跡を訪れると、銅像や石像や石碑があって、人の文章や詩や書が刻まれている。それらを雑誌やパンフレットに掲載することがあるが、物の権利が生きている場合、どのように考えるべきだろうか。

文章や詩は、文芸の著作物である。二条でいう文芸の範囲。ごく小部分、たとえばワンセンテンスの単なる「表現」のようなものを写真に撮って掲載・公表するのは、まあ、いいとして、文学的にまとまったものの場合は、著作物の使用として、考えたい。夏目漱石の卒業した小学校に、「吾輩は猫である。名前はまだ無い」という碑が建っている。これは『吾輩は猫である』の書き出しの文だが、かりに漱石の著作権があった時でも、これぐらいは、すっぽり写真にして掲載してもよいだろう。しかし、石川啄木の「東海の小島の磯の――」という短歌の碑のように全文である場合は、その短歌を鑑賞するのが目的なら、もし著作権が、まだ存在していたら、啄木の著作権を受け継いだ者、著作権者に許諾を得ることになろうか。

公に設置される文芸ものの場合は以上のようだが、美術の著作物等では、特定の場合、少し異なった規定がある。それは美術の著作物の「原作品」で、街路や公園等、その他一般公衆に開放されている屋外の場所、または建造物の外壁その他一般公衆の見やすい屋外の場所に設置されているもの、「又は建築の著作物」は、利用してよいのである。無断で、冊子などに使用できるのである。ただし、次の1から4の場合は、無断で利用してはいけない。四六条(公開の美術の著作物等の利用)という規定で、その四つを示している。

1　彫刻を増製する場合
2　建築の著作物を建築により複製する場合
3　すでに述べたような屋外の場所に恒常的に設置するために複製する場合

4　もっぱら美術の著作物の複製物の販売を目的として複製する場合

これらについては、自由に利用できない。銅像・石像のような彫刻などは、設置の状況や社会的な慣行を考えて、適当に自由使用を許すのである。右の四つの場合は、著作権者の利益を害するので、NOなのである。具体的にいえば、絵葉書に複製して売るのは無断でやると著作権侵害だ。著作権者の許諾を要する。著作者の創作的労苦に報いるべきなのである。他人の権利著作物を使って自分だけが利益を得るのは、許されないわけだ。ただし、銅像が点景の中に出てくる場合や石碑の表面の著作物が、撮影対象のそばに出てくる場合などは、当然その公表は無断でよい。「写り込み」は許される(三〇条の2)。因みに被写体が立体的であれば、その写真は著作物である。

許諾を得て使用する場合、出所明示の慣行があれば、義務を伴う。四八条参照のこと。

拓本、石ずり、そして魚拓の類いは？

石碑面に刻まれたものが、文学であったり、書あるいは書跡であり、著作物と認められ、かつ、保護期間内のものであれば、すでに述べたように、利用の目的によっては、一般の権利処理と同じように許諾を得るべきである。石碑の面から拓本を作った場合、その拓本の作成者に権利があるだろうか。石碑面に刻まれたもの自体の保護著作物性を別にして、多くは、その拓本は著作物といえないであろう。著作物でないものに著作権はない。著作権がないのであるから、拓本作成者には無断でその拓本を複製利用してよい。

しかし、理論的にいえば、墨などの濃淡や「かすれ」具合いに、思想又は感情、芸術的意図が反映し、抽象画のような、独立した美術性が認められたとしたら、その拓本は、碑面を原拠とした、それに依存した二次的表現の性格を持ち得る。拓本作成者が碑面の著作物とは別個に拓本の著作権を主張することができるかも知れない。拓本は、石ずりともいわれる。刷り上がりの創作性については、実物で判断するしかあるまい。石版という石の面を原版とする印刷方法があるが、これは石刷りとは少し複製の質が違うように思う。石版印刷——石版複製の場合は、その刷り手＝刷り師は著作者たり得ないと思われる。

魚拓は、つり人の至宝だが、これは拓本と同様に考えたい。著作物でないことが多い。しかし、染色魚拓（たとえば、盛川宏『釣魚しゅんの味』立風書房、一九八八年）といわれるものについては、ケース・バイ・ケースで判断したい。

墓石、戒名　法名、戒名のようなものは、一つの名詞である。名詞そのものは著作物たり得ない。一つの単語——文の構成要素としての語——に著作権は発生しない。もし、一つの単語に著作権があるとしたら、世の中は動かなくなってしまう。権利が細分化される時代とはいえ、一つの名詞の使用の独占は許されない。因みに、戒名を利用して、人を差別し、差別意識で戒名をつけた寺があったが、許されないことである。また、有名人や歴史上の高名な者の戒名を真似て、自分の「利」をはかろうとした者もいたそうだが、著作権問題とは違ったアングルで、指弾されるのは当然である。題号も、おおむね著作物性がない。あるいは、弱い。文芸作品の題名もまた著作権の対象になりにくい。よほど著名であり、よほど個性的なものを、意図的に、それに類似させる場合に、著作権法とは異なった「裁き」があり得るだろう。不正競争防止法。周知著名な商品名等に類似したものを使って「利」をはかることを禁じる法もある。

標語、スローガン、キャッチフレーズ　単語を並べた程度のもの、それに近い簡単な表現は、二条一項でいう「思想又は感情を創作的に表現」したものと言いがたく、だから著作物ではない。著作物でないものに著作権はない。著作権を主張するのは無理。俳句の五・七・五の一七文字は、堂々たる文学の著作物であるが、それに比肩しうるほどの独創性のある標語は、少ないとされてきた。スローガンなどは、戒名よりは「文」として動的ではあるが、よほど個性的・意図的でないかぎり、多くは独立した著作権はない。中には、「ボク安心　ママの膝より　チャイルドシート」という交通標語に「著作物性を肯定することができる」とした判決（東京地裁・平成一三・五・三〇）がある。右判決についての要旨は「標語の著作物性」（早稲田祐美子、『コピライト　No. 488』著作権情報センター、二〇〇一年、三二ページ）がわかりやすい。しかし、多くは、

1　表現の思いつきや着想
2　表現の形式
3　文としての意味の濃淡

などを考慮しても著作物性を導き出すことはできないだろう。

著作物かどうかを決めるのに、文言の長い短いは大きい意味を持たない。標語、スローガン、キャッチフレーズに創作性がないと断言はできないが、著作権の客体とすることは多くの場合無理があるとされてきた。因みに、俳句は、短詩形の文学として著作物とされる。独立し、完結した文芸として、

二条一項の示す範囲のものである。

よく見かける俳句の無断掲載――疑問に思う例、たとえば、『味覚三味』とか『百魚歳時記』というような類の著作は、文末に俳句を並べて話を括るけれど、俳句は著作物である。このような俳句の利用法は私的使用(三〇条)でも引用(三二条)でもない。無断借用が許されるものではない。原著作者が黙っているだけの、違法行為なのである。コラムなどの文末に他人の俳句を転用する例は多いが、どれくらいの著作者が許諾を得ているだろうか。新聞のコラムを書く論説委員や編集者たちはどう考えているのであろう。

非著作物の一例。たとえば、「トリスを飲んでハワイへいこう」という有名になったキャッチフレーズがあるが、この表現は、著作物とはされない。保護されるとは考えられない。『著作権法逐条講義』七訂新版(加戸守行、著作権情報センター、二〇二一年、二三ページ)は、キャッチフレーズは「創作的なにおいがする」けれども、この場合は「奇抜性はあっても」、そこに、ちゃんとした創作性はなかろうという。不正競争に配慮するならば、利用目的に配慮しつつ、少しの改変で、真似してもよいということだ。

著作権の及ぶ範囲(2)

アイディアには著作権なし

✤いけ花、雪像、氷像など

書籍はもとより、新聞の家庭欄や女性雑誌、町内用のパンフなどに「いけ花」の写真が記事に添えて掲載される。テレビなどの画像にもいけ花が出てくる。そこで、いけ花は著作物なのか、非著作物なのか——と迷う編集者もいることだろう。①他人のいけ花の作品を、②写真に撮って、③「私的に、あるいは引用の目的」などではなしに、④複製して公表してよいか、という疑問を持つ者がいるであろう。

消える著作物　結論的にいえば、いけ花は、多くの場合、著作物とされる。造形美術といえる。美術の著作物の「範囲」に入る。著作権法の保護の対象となる。花をいけた者すなわち創作者の私的な

「財産」なのである(佐野文一郎、鈴木敏夫『改訂　新著作権法問答』出版開発社、一九七九年、一〇二ページ)。

いけ花と同じように考えられるものに、札幌の雪まつりなどの雪像がある。雪像は著作物とされる。それを延長して考えると、冬の街でみかける雪だるまにも、それが、よほど特殊であれば著作物性があり得る。中には、創作性のあるものもあるかも知れないが、定式化されたものだから、著作物だと言いきると、雪だるまについては異見があるに違いない。著作物の概念を雪だるままで拡げて考えることは無理だ。夏のパーティーで氷の彫刻が飾られる。氷像は、木彫と同じように著作物として保護の対象となる。美術の著作物といえるかどうかの認定にあたって、素材のいかんは関係がないからだ。素材は、花であれ、雪であれ、氷であれ、ねん土、紙、何でも有形であればよいのである。そして耐久性を問う必要もない。創作され、外面的形式が整えば、変形したり雲散霧消することがあっても、その原形をつくった者は、その作品について、美術の著作物の著作者として著作権を主張できる。著作物と非著作物の差は大きい。著作権法は二条で著作物を次のように定義する。「思想又は感情を創作的に表現したものであって、文芸、学術、美術又は音楽の範囲に属するものをいう。」

思想にもいろいろあるし感情にも濃淡はあるだろうが、それを自分流に、個性的に表現すれば、その外面的形式は「著作物」ということだ。因みにパッチワークやモザイクアートなども工芸的だが、場合によっては美術の範疇と考えてよいであろう。

いけ花は右の理由によって、一般に美術の著作物とされるが、しかし、一輪ざしとか、投入れといわれるような場合は、著作物とはいえない。自然に依拠することによってのみ形式が成立しているからだ。自然によりかかって、そのままでまとまったとする作品であるからだ。神の創造やサルの作ったものはダメなのである。一輪ざしについては、神の造形のままなので著作権の主張は遠慮したらどうか、ということである。それを撮った写真は著作物である。

✤「権利」のある「いけ花」の写真や映像による伝達

いけ花は、時間とともに朽ち果てる。いけ花という造形美術はレンズによる二次的な複製によってのみ、新聞、雑誌、テレビなどに、その姿を現わすのである。

立体的ないけ花――それを、一つの角度を選んで平面に複製する。一つの視点、一つの美意識が、新しく「写真の著作物」を生み出す。これまた、いわば美術的な著作物だ。その写真なり映像は、原著作物たるいけ花の著作権と並行して、多くは撮影者に権利が発生。「いけ花」などの写真を出版物に取り込んで発行するにあたっては、写真の権利者だけでなく、その被写体となった、いけ花の制作者＝著作権者の許諾を要する。このことを、写真著作者も編集者も、うっかり忘れてしまいがちである。

契約は撮影時の確認で　いけ花の場合でいうと、写真の撮り方、撮られ方はいろいろあろう。たとえば、

1　いけ花の著作者が、自ら撮影

2　著作者に依頼されて、写真家が撮影

3　写真家が個人として、主体的に撮影――無断公表に注意――
4　媒体に依頼されて、写真家が撮影

など、多様だ。2、3、4などの場合は　その関係者が、①権利の所在、②使用の範囲について確認又は約束しておくべし。③「使用」のつど、話し合うという約束もよし。できれば覚書、文書契約が最良。〝被写体の著作権者と「写真」の著作権者と編集者〟の関係については、あとでも触れる。

書風、画風、キャラクター　「書」なり「絵画」は、美術の著作物。書は美術である。しかし、書風といわれ、画風といわれるものには著作権は発生しない。風といわれるものは真似してもよいのである。あなたが武者小路実篤のような筆致で野菜を描いて、複製・頒布しても、著作権侵害にはならない。ただし、同じような筆致で、さらに意図的に絵の素材と構成を似せる場合は、ダメとされる可能性が強い。原作者の氏名で再製すれば贋作である。自分の氏名で公表すれば剽窃だ。武者小路の個別的外面的形式を意図的に踏襲して、類似・酷似させたものは「風」の取り入れ・取り込みではなく「にせもの」なのである。盗作。

複製権の侵害。武者小路の描法をマスターした上で、独自に、しかも違った構図、違った素材で絵画を創るのは自由である。

ピカソ風の描き方の絵が氾濫しているが、多くの場合、著作権侵害とされない。手塚治虫やさいとうたかをの画風だけを学び取って出版しても、その画風で自分の思想や感情を表現したのなら、著作権の侵害とはされない。その人の著作物なのである。ただし注意すべきは、有名になった主人公――

キャラクター絵を借用するとなると、利用の仕方によっては著作権の問題のほかに、不正競争の問題もおき、無断使用は許されないことが多いだろう。

長谷川町子のサザエさんの真似絵を商売に利用して著作権侵害とされたことがあった。日本中が知悉（しっ）しているサザエ・カツオ・ワカメなどの顔を無断で使用——つまりキャラクターの利用であるが、それを、キャラクター絵の複製権侵害とした裁判例がある。著名なキャラクターや図柄などの持つ顧客吸引力を借りて、カネモウケに利用する行為は巷（ちまた）にあふれているが、よくないことだ。俗にいう商品化権（原作者の利用収益権）の問題でもある。

サザエさんの場合は、Ｔバス会社が、バスの車体の両側面に、サザエ・カツオ・ワカメのキャラクターを絵画として複製したもの。二七台のバスが街を走っていたのである。一九七一年ごろの宣伝行為である。そのバス会社は一八〇〇万円以上の金額を、原告たる長谷川町子に支払うよう命じられた（東京地裁・昭和五一・五・二六判決）。

これは、あまりにも有名な事件で、知的財産権の参考書などでは、それぞれの学者が取り上げて発言している。

アイディアに著作権なし

話をもとに戻す。書風や画風や「描きぐせ」に著作権なし。いけ花の流儀など、「流儀」には著作権なし。流儀にはパテントなし。流派の方法そのものは、公有と考えてよいであろう。私権の対象になりにくい。「特許」として正しい手順で公認されないかぎり、つまり形式化されたアイディアの「特定の場合」でなければ「私の権利」は発生しない。

法は人間を差別しない。いけ花の師範でも幼稚園児でも、プロでもアマチュアでも等しく著作権者たり得るし、流派の長であろうとも、その「風」に権利を与えはしない。

10 著作権の及ぶ範囲(3)

非著作物

✤「料理」の盛付けは著作物か

「料理」・「洋服」　いけ花に対して、料理はどうなのか。新聞や雑誌、TVは、料理情報のブームである。料理をつくる、作る、創る——その創作性をどう考えるか、また「盛付け」という行為は、ある場合には造形的なセンスが要求されるだろうが、それを「創作」といえるかどうか。

結論的にいえば、料理の盛付けはある場合に造形性があるともいえるが、いけ花に比べれば「はるかに思想、感情をそれによって表現するという性質に乏しいというか、ちょっとジャンルが違うような感じ」(前出『改訂　新著作権法問答』一〇三ページ)ということで、非著作物とされてきた。時には、創り方、盛付けに美術的感興をそそられるが、〝食べ物〟の姿は、やはり公有性のゆえもあって非著作物ということだ。著作権のないものとして、その形式を自由に利用できる。

因みに、このことは洋服のデザインについても、著作権法上では同様にいえることである。

いけ花と料理――これが、著作物と非著作物の境目である。花をいける街の娘たちは著作者であり、高名な料亭や仕出し・辻留の板前やマキシム・ド・パリのコック長は著作者になりにくい。どうも割り切れない気もするが、これを決然とセパレートしなければ、著作権法はガタガタになってしまう。

私権と公の調整というのは、著作権法では、このようなものである。

定義に照らしていえば、料理の盛付けが、文芸、学術、美術、音楽のうち、美術に少しかかわるとしても、思想または感情を創意的に表現しているとは、勇気がなければいえないことである。

いけ花と料理をダシにして、著作物とそうでないもの――著作物と非著作物についてあえて触れたのは、〝それが著作物なら著作権者に許しを得てから利用しなさい〟、〝非著作物なら制作者が文句をいおうとも、無断で利用しても違法ではなく、著作権の侵害とされない〟ということを言おうとした。いけ花と料理の性質の違いは、著作権のあるなしの境界をみるのにわかりやすいケースだ。

✤著作物と非著作物のはざま

因みに、を、もう一つ言うなら、著作物における「著作物性」には濃淡があるのだ。著作物性の強いもの、弱いもの、の識別はむずかしいが、著作物性の強いものを利用したい時は、労をいとわずに、原作者にコネクトすべきである。著作物性の強いものほど需要が集中する。そういう傾向があると思う。

抽象的な違い論は実践的でないので、具体的な例を、いくつかの裁判が示したところによって、例示しておくこととする。

まず著作物――『昆虫図鑑』に出てくる昆虫の絵。自然のリアルな描写だから、自然の反映、自然の引き写しだから著作物ではないといえるか。これについて美術家と出版者の間で争いがあった。図鑑絵は明らかに創作である。著作物だ。描いた者が著作者。いけ花の一輪ざしが、自然に依拠したにすぎないのとは異なる。時刻表、株式相場数字表、住宅案内図などが、権利を保護される著作物であるとされたのと比べれば、図鑑が著作物であることに疑問はない。

古い話だが、職業別電話帳は編集著作物とされた。その個々のページ、個々の項目は非著作物だ。しかしどのように「職業別」するか、それをどう配列するかには、作成者の創作性が表われる。これに対して五〇音順の電話帳は、誰が作っても同じようなものが出来、創作性＝著作物性が希薄だから非著作物である。もし必要なら複製利用は自由である。

非著作物――無尽掛金表、編み物早見表。船荷証券用紙も非著作物と判示されている。しかし、これについては土井輝生は、前出の著書（四一ページ）で、これらの著作物性を肯定しつつ、個々のケースを勘案して無断使用の可否を考えたいとしている。

ここまで読まれた方は、著作物と非著作物の区別のむずかしさを感じたと思う。

著作物性の強弱、濃淡が、私たちの判断を迷わせるのである。「簿記仕訳盤」の著作権に関する裁判では、神戸地裁が著作物とし（昭和三五・二・二九）、大阪高裁が著作物に非ずとした例（昭和三八・三・二九）もある。これは、著作物と非著作物の境目の見わけのむずかしさを示している。

いけ花と料理、そして簿記仕訳盤――この辺が、権利著作物か、自由使用が法的に許されるものかの境界線上にあるといえる。

編集の現場、最前線の編集者は、右の例を念頭において、自然科学等の図版や統計図表の利用には、とくべつ心を配ってほしい。

非著作物、非保護著作物でも、被写体が立体的であれば、それを撮った写真は著作物である。利用に際して写真の著作権者の許諾を必要とする。写真については別に述べる（九五ページ）。

11 類似題名で争った放送と出版

タイトルの著作物性

一九九〇年三月二日の新聞に、ラジオの人気番組の題名に類似した題名の本が出版され、その出版社が放送会社に訴えられた、という記事があった。深夜放送の人気番組、「究極の選択」というコーナータイトルを、出版社が本の題名に使ったのである。原告はニッポン放送など三社。被告はF書房など三社。

放送側は、本の題名について、自分たちのコーナータイトルを本が使うのは、不正競争防止法に照らして違反だと主張した。紛らわしい商法で顧客を横取りするなというわけだ。類似したタイトルが、い、い、い、もとのものの営業活動に、悪い影響を及ぼすと判断される時、正しくない競争を仕組んだ者を「排除」する法律を楯としたのである。販売中止や回収を求めた仮処分申請。しかし東京地裁は、放送側の申請を却下。取り上げなかった。その理由は、

1　「究極の選択」という名称は、若者の間に流行した言葉の遊びそのものを指す一般名称であること——とりたてて独創的表現とは見られない。

2　ニッポン放送が営業のため、「独占していい商品名」の表示とは言えない。

としたものである。

タイトルのような短いものを独占することのむずかしさ。当時の日本経済新聞によれば、ニッポン放送の編集局長が「知的所有権の確立がうんぬんされている昨今、一石を投じたと思う」とあったが、この場合のような、創作性の希薄な普通の言葉を独占することは、著作権法であれ不正競争防止法であれ、むずかしいのである。放送と出版で、内容の類似によっては競争関係はあり得るが、この場合はどうか。

出版物などの題名は、おおむね非著作物であり、著作権が発生しないとされる。だから、ニッポン放送は、著作権法の視点ではなく、不正競争防止法という視点で争ったのであろう。定期刊行物・継続的刊行物の題号は別として、一般書籍の題号やテキストのタイトルを、著作物と認定したり、あるいは著作物のように保護を与えることは適当でないとするのが通説だ。

題号は、本文と一体で、その著作物の一部を構成するが、「権利のある一部」ではない。「その著作物の内容を表彰するもの」(半田正夫、紋谷暢男編『著作権のノウハウ』有斐閣、一九八二年、四四ページ)にすぎず、したがって、切り離して、独立した著作物とは言いがたい。無理だ。もし、題号を著作物だとすれば、世の中のいろんな表現物が、すべて権利著作物となってしまい、次に表現行為をする者の、語の選択範囲が縮まってしまうのである。文化的営みが停滞してしまう。権利の所有・行使には抑制・節度が伴う。

題名は、スローガンやキャッチフレーズと似た性質を持つ。日本の著作権法の解説書は、スローガンやキャッチフレーズを、多くの場合著作物とは認めないが　平成一三年に標語(スローガン)に著作物性を肯定した判示があった（五四ページ）。国によっては、たとえばフランスなどは、日本よりは積極的に、短文に著作物性を認めて保護する。場合によっては不正競争防止法で、この分野に理解を示すこともある。

✤日本文藝家協会の題名論

文化庁の『ハンドブック』は、題号（題名・タイトル）が「俳句に準ずるような思想感情の独自の表現であるならば」著作物たり得る可能性があるとしているが、タイトルはほとんどの場合、思想・感情を完結的に表現してはいない。論文、実用記事はもちろん文芸作品といえども、そのタイトルは創作的・個性的表現といえず、保護の対象にならないと考えてよい。

一九八四年に日本文藝家協会が「題名について」という見解を公表した。これは、題号を考えるのに役に立つものだ。かつて、『武蔵野夫人』という大岡昇平のベストセラーの題名を、F出版社が、全集の中で他の作品に冠したことがあったが、協会は、これをNOと言うべく、著作権法での対応では、是非が直裁に示し得ず、訴えも技術的に煩雑であったため、この見解をまとめるに至ったもの。同一題名は違法ではないが好ましくない――という問題提起。

ことが、「表現」ということになると、表現の「独自性・私有性・財産性」とその公共性・公有性、つまり表現の自由が対立・錯綜するのである。日本文藝家協会の「見解」を整理してみよう。

1　先行した既発表作品の「作者の苦心や独創性は尊重され」るべきであること。しかし、その反面、誰でも、

2　題名を定める場合の「表現の自由は最大限に確保され」るべきであること。

と述べ、既存作品の題名と同一題名を用いることについて、次の場合には「避けることが望ましい」とした。すなわち、

a　既存作品の題名に独創性が高い場合

b　既存作品の題名が世間的に評価の定まったものである場合

c　あとの作品の内容が既存作品とかかわりのある場合

右の場合は、便乗や冒瀆となりかねないし、また、作者の感情を害するので好ましくない。

さらに、補足して

d　パロディー等「正当な目的のため」に同一の題名を用いる場合

e　「思想信条にしたがい、作者の責任において同一題名を用いる」場合

等については自由としている。そして、この「見解」は、「拘束の力を持つものではありません」と結んでいる。法の判断することというより、倫理的な、あるいは美意識の問題として考えられている。

著作権法によれば、あるいは表現の自由を第一義に尊重すれば、既公表のものとの同一題名をＮＯとは言いにくい。日本文藝家協会は　法は法として、かつ、自由を重んじつつ、しかし、良識や倫理から発言したのであった。いろいろな出版物が、先行した、おもしろいすぐれたタイトルを借用することはあり得る。あえて言えば、真似てもいいのだ。「えげつない」感じを避ける程度の抑制が欲しい

だけのことだ。

「究極の選択」で東京地裁の判示したところは、不正競争という角度でのことであったが、著作権法での判断では、語の新奇性、新しさとか、知名度・有名度によって保護の対象をきめるのではない。思想や感情を創作的に表現したかどうかの一点が基準である。その意味で「究極の選択」を特定者が独占できる著作物とはしないのである。

題号は日本の著作権法での保護になじまない。「究極の選択」はダメだったが、場合によっては不正競争防止法が守ってくれるかも知れない。前出『著作権のノウハウ』の四六ページでは一般に「特許庁の実務は、商標登録を原則として単行本の題名には否定し、定期刊行物の題名には肯定している。」と述べている。定期刊行物の表題、たとえば『文藝春秋』については登録可能ということ。しかし「右取扱いの」理論的「根拠は薄弱である」としている。

以下、世上容認されている類似題名を、思いつくままに挙げておく。

林芙美子『浮雲』と永井荷風『浮枕』、森鴎外と川端康成の『舞姫』など。モーパッサンの『女の一生』は山本有三と森本薫に、『私の食物誌』は吉田健一と池田弥三郎にある。『味の歳時記』・『日本の味』・『文章読本』というようなのは、枚挙に遑(いとま)なし。題名の衝突は避けようというのは無理であろう。

12 雑誌の目次は著作物か

目次の著作物性を要約すると、次のようになる。

1　書籍や学術雑誌、ミニコミ誌、あるいは社内報などの小冊子の目次のように、記事の掲載ページを素直に示したものは、独立の著作物といえないであろう。著作権が発生しない。

2　雑誌の「素材」、個々の記事の内容を分類して、工夫して配列しなおしたことによって、その雑誌の利用に便ならしめるように再構成し、かつ、イラストや写真を挿入した目次には、時に編集著作物的な、あるいは美術的な著作物性がみられるが、その創作性の度合いの判断がむずかしい。このような目次でも、すべて著作物だというわけにはいかないであろう。

3　目次自体を、美術的な意図で創る場合がある。ことに出版物——もちろん雑誌の場合も然り——そのものをデザインという強い意識で編集したような場合でも、美術的意図を強く持った目次が、他人にも美術的だと判断されるなら美術の著作物としての性格を認めてよい。「客観的」という基準がむずかしいけれども。

4　カットや図版は美術の著作物、それに、写真の著作物、短文、抄録風な説明など、複数の表現物を組み合わせて、その配列に創作性のみられる目次をみかける。これらの中には、編集著作権のあり得るものもあろうか。

二つの見方

目次の著作物性、つまり目次に著作権のあるなしについては、それを認めるについて、積極派と消極派に分かれる。積極派は日本雑誌協会等である。その考え方が、一九七〇年、七三年、八四年に、同協会の編集委員会および著作権委員会でまとめられている。第三者が各種の雑誌を集めて、その目次紙面を複写的に再製して、営利目的で頒布をする例が増えたからであった。未来企画社の「目次３００」というタイトルの定期刊行物の明白な違法行為——あるいは㈱情報開発研究所の「月刊データプレスファイル」の場合などである。このような例は、今日もあとを絶たない。日本雑誌協会は、目次について、いわゆる「学協会」の刊行物の目次のような「単純に配列したものは別として」、一般に「まとまった主張を盛りあげたもの」「一誌の死命をかけた編集者の創造物」には著作物性があると主張してきた。そして目次そのものよりも、むしろ目次中に顔を出す図版・写真・および特別工夫された美的なかき文字（版下）のそれぞれの著作権を無視しないように呼びかけたのであった。そして出版社の編集者が外部に対して独断で目次の複製・頒布の許諾を与えるべきものでないことを指摘している。目次が著作物である場合は、その著作権は、多くは、法人に帰属するからである（一五条）。さらに雑誌業界への呼びかけとして、

1　クレジット（ノーティス）を入れてもらうこと（発行社名）

2　掲載雑誌一部以上の寄贈を要求すること

の二点を目次部分の利用許諾についての「最小限」の条件とした。

二つの意見の共通点　消極派は、目次が無断複製されたとしても「侵害を云々することよりも、むしろそれによって雑誌の〈資料性〉が高められ、ＰＲされるという有利な面」を見ている（美作太郎『著作権〈出版の現場から〉』出版ニュース社、一九八四年、四二ページ）。目次を独立の著作物と認める理由は「実際的にも成り立ちにくい」とするのである。積極・消極の両論にも共通の認識がある。多くの目次の中には美術意識の強い「デザインとして、美術の著作物として取扱って然るべきものがある」ということ。このような目次の複製が許諾なしで行なわれて「複製権の侵害といわれた場合、これを否定する根拠は弱いであろう」というのが一致点だ。

学術誌と目次　目次の著作物性についての積極肯定派の一つに、学協会という学者の論文を冊子にする組織がある。学協会誌の目次を集めて、ちょうど、データベースの個々の素材のように利用する者が多くなってきたところから、〝目次には著作権があるので、断わってから利用してもらいたい〟と、ある時、学協会の関係者が述べていた。私にはその真意は、目次の著作物性ではなく、掲載論文の無断複写行為を警戒しての発言だと思われた。右発言での「著作権」が、目次を著作物と見立てての著作財産権を意味するのか、編集著作権の主張を意味するのか、を、確かめていないが、おそらくその権利者は学協会自身としているのであろう。目次の権利は学協会誌の発行者に帰属すると考えているようだ。目次が第三者に個人的に複写利用されることは、たいへん望ましいが、学協会誌そのものを購入しないで、——学協会のメンバーフィーを払わずに——その必要部分だけを「貸与」されたものから会議用などに複写利用することを嫌ってのことだと思う。密室の犯罪といわれるコピー公害に対する政治的発言と考えたい。学問のための冊子とはいえ、無断・無償で複写・複製されては困るという格別のオモイイレがあるのである。

✤目次の使命

ごく単純な目次——誰がつくっても同じになる目次は非著作物である。それに対して、新聞の一ページ紙面——新聞協会は、新聞の一ページ紙面に、編集著作権ありとしている——にも相当するような「構成的なもの」——たとえば、婦人雑誌とか大衆文芸誌の目次の場合は編集著作物的である。これら多様な目次を、複製利用されても、目次自体の創作者も、個々の著作権者も出版者も困るとは思えない。目次の〝頒布業者〟による頒布が雑誌の本文たるテキストの無断コピーを誘い、本文中の著作物の無断使用につながるところに、職業別電話帳と異なった問題があると考えられている。いずれにせよ、目次を情報素材として、それに導かれて必要な出版物を追いかけるということは、その限りにおいて、それが目次の存在理由でもある。要は、利用のルール、情報の送り手と受け手のジェントルマンシップに期待するべきことである。

✤ 商業広告と雑誌目次

出版物によっては、表紙の良し悪しや目次の出来・不出来が購買意欲に大きくかかわる。ことに不特定多数の読者にアピールするには、常識的・慣習的なつくり方では、営業という角度からも望ましくない。苦労してまとめた雑誌一冊分を展望する目次は編集作業への愛情と技術のない者には創れない。むかしは、目次はベテランがつくった。編集者のたのしみの一つである。目次と奥付を終わらせると、彼らの生活に一つの節目ができたのであった。執念深い、よく考えられた目次が創れれば、編集者は一人前だといわれた。

電車に乗ると、週刊誌や新製品のための中吊りが目につく。その中には美術的なもの、編集著作物性の強いものが目立つ。しかし中吊りは広告物ゆえに編集著作物とされないことが多かったが、その表現構成に目を向ければ、場合によっては「絵画の範疇に類する美術の著作物」とされる（商業広告事件・大阪地裁・昭和六〇・三・二九判決）こともあり得た。この判決は、特定の目次を考えるにあたって、よい参考なのである。

13

懸賞・応募作品の著作権

コンクールの募集規程を疑う

雑誌であれ、企業であれ、公益法人であれ、著作物としての作品を募集する立場は同じ。募集者と応募者の関係は、著作権法上の区別なし。

懸賞付きの論文やポスターなど「競作もの」の懸賞募集にあたって、主催側は、必ず応募者に対して一定のルールを示す。応募規程とか投稿規程、あるいは募集要項とか投稿要領などと言う。記載されている条件、約束によって入選作品＝著作物の使用権の所在、利用可能の範囲が契約される。

募集する側、規程作成側（それは会社側ということだが）をAとし、文章などの応募者のうち入選者をBとして話を進める。

募集規程には、「作品の返却はいたしません」とするものが多い。主催者Aが返送の労を惜しんでいるわけだ。物を返さない約束。これでは、物の譲渡か物の預かりか不明である。それはそれでよいとして、これだけでは、作品の著作権がAに動いたことを意味しない。

次に、「入選作品の著作権は主催者に帰属します」などとするのが多い。入選した著作物の著作権、つまり複製権・利用権などがBからAに移るとする条件提示。だから、集まってくる作品は、それを承知で送られたことになる。募集規程の条件下で、応募行為があり、入選・入賞の結果がもたらされ、それによって著作権又は利用権が「賞」と引き換えに譲り渡されるわけだ。Aの一方的意思のようになるが、Aが譲受人である。規程が契約文なのだから。

著作権の移転は、作品の態様や質によってはBには「大きい」問題だ。そこで、AがBのことをも配慮しつつ自分の利用にも役立つような契約文・契約方法が望ましい。

1　何年間という時間的制限を示して、その間の独占的使用許諾か、解除条件のついた著作権譲渡契約か、を提示するのも一方法。

2　どのような二次使用の場合、どのような二次的な利用の場合に、Bの著作権がAに移るかという限定的な示し方もある。

3　あるいは、著作権をAに帰属させる前提で、Bが優先的に自作を複製頒布してもよい場合を定めておくか、Bの立場を考えて、その著作物の利用については協議事項としておくこともいいだろう。要は、第三者への使用許諾を、AとBが戒めあう方式についての表現を工夫することである。「募集」は、すなわち、「契約」である。契約の内容は自由なのである。しかし、著作権という権利の束を一語で括って(くく)Aに移行してしまう悪弊は改めたい。

因みに、募集規程だけを示し、著作権の移転について触れていない場合は、入選作品の顕彰・表彰だけが目的で、AによるB著作物の複製行為は考えられていないものとされる。AとBの間に「権利」問題はおこり得ない。Aが恣意的にはB作品を使えない。ただし特別に高い対価(賞金)が支払われた場合は、別であるとされるかも知れない。入選発表のほかに二次使用を予想させるほどの額が支払われたらの話。Aが、もし、何らかの複製を意図しているのなら、必要最小限の支分権の使用権を明約することを忘れぬように。権利の譲渡、独占利用、限定使用あるいはファースト・オプション（使用優先権）のいずれかを明示するのが契約の基本であろう。

✤主催者に移転した「応募作品の著作権」は？

かりに、著作権の帰属を、募集者＝Aとした場合、移転した著作権の「内容」は、どのようなものと考えるべきか。

著作権法で言う場合の、広い意味の「著作権」は、著作者人格権・著作財産権などを含んでいるが、普通に、募集規程などでいう著作権とは、著作財産権のことである。なぜなら、著作人格権は著作者Bの一身専属であって、権利として他人に譲渡できないもの（五九条）。著作権の譲受人＝募集者Aに移ることはない。したがって作品の改変は、Bの許諾なしには行なえない。

Aは、募集規程をつくるにあたって、このことを念頭に入れておかねばならない。

著作権は、

1　他人に、著作物を使用させることの許諾、具体的には「使用料の請求」などの権利。

2　他人の利用意思を拒否する権利、NOと言える権利。あるいはYESと言う権利。

である。著作権――1と2など――は、著作者人格権と違って、移転が可能である。売ることも、タダで譲ることもできる。著作権者の判断で移転のYESが言える。募集規程とは、BがAに、著作物の使用・著作権の運用を応諾する「文言・文書」なのである。

第六一条（著作権の譲渡）　著作権は、その全部又は一部を譲渡することができる。

2　著作権を譲渡する契約において　第二十七条又は第二十八条に規定する権利が譲渡の目的として特掲されていないときは、これらの権利は、譲渡した者に留保されたものと推定する。

応募規程によって移転する著作権の内容は、右条文によって次のように解説できる。

六一条は、著作権の全部または一部分だけを、譲渡・移転できるとしている。募集規程の「……Aに帰属する」は、この条文に基礎をおく。しかし特掲＝特約なければ、著作権の内容の全部が自動的に移転されるのではない。「全部」では、Aの一方的契約約款による著作権譲渡によって、Bが不利になってしまう。そこで、六一条の二項が意味を持ってくる。二次的著作物等に関連する権利については、原著作者＝応募者Bに留保されることを規定している。二次的著作物への利用は、Bが、特にOKするなら別として、そうでなければ、Bに残留する。この場合、Aの作成する募集規程では、そこまで細かく記載しないのが一般的傾向である。

著作権が移転しても、二次的使用の権利は動かない。翻訳権・編曲権・変形権・翻案権（二七条）、二次的態様の利用権（二八条）のようなものは、Aに移らないとの意味である。だから、Aは、右のうち、Aにとって必要な利用態様について率直に揚言しておくことも必要であろう。

✤ 応募作品の改変はできるか

主催者＝募集者に移転した、応募者の作品＝著作権の客体は、移転先Aによって改変して利用できるか。

すでに述べたように、著作権が移転しても、著作者人格権は動かないで、Bに残っている。AはBの許諾なしで、入選作品をいじって利用することは許されない。Aには原作のままでの使用権があるのみだ。Aは作品の使用にあたってBの創作意図・創作形式をゆがめることなく尊重すべきなのである。Aは募集規程で約束＝契約＝相互承認した範囲での複製権の行使にとどめざるを得ないのである。

普通に著作権の移転を定める募集では、理論的にいえば、Aは二次的な利用についてはB（六一条）に、Bは、自作の複製頒布などについてはAに委ねられると、それぞれ理解して、それ以外の利用については協議の上行動すべきなのである。協議事項を明示した規程は少ないようだ。

1　著作物の利用と著作物の二次的な利用

2　著作者財産権＝著作権と著作者人格権

この1・2を混同しないように応募者の利益を配慮して「応募」の規程を慎重に作成するべきである。

14 美術の著作物

一九九〇年八月、国立近代美術館で、手塚治虫の漫画などを展示した。国立の美術館で、現代の漫画あるいはアニメといわれるジャンルを取り上げたことに「時の流れ」を感じた。

国立近代美術館が「なぜ手塚治虫か」について、展覧会の企画をした館員の言葉が、TVのブラウン管から聞こえてきた。「漫画と美術の接点に手塚治虫がいる」と言っていた。国立(ナショナル)の美術館の仕事として意味があるというわけである。一つには、手塚治虫という稀有な天才を讃え、二つには良質な漫画の芸術的性格を確認し、三つには、新しい絵画的手法の可能性を考えようとするのである。

手塚治虫を美術館が扱うことは大賛成である。遅きに失するといえる。かりに著作権法という、一面的視点に立てば、TVに出てきた館員の発言は著作物論としては馴染まない。美術との接点という時の「美術」とは何をイメージしているのか。文学でいう純文学とか、伝統的な絵画に相当するファウンデーショナルなものを頭に描いているのであろう。しかし、漫画は、著作権法では、その絵の部分において、れっきとした典型的な美術著作物なのである。コミックなどは美術著作物・言語著作物の結合とも考え得る。著作権法のすべての解説書は、漫画も広い意味での純粋美術であることによって著作物としている。漫画は絵である。絵には多くの場合創作性がある。創作性の軽重に差こそあれ、美術の範囲に属する。

文学では、純文学・大衆文学・風俗小説・推理小説・ユーモア小説……数えきれない分類がある。すべて文学であり学術のテキストなどとともに、すべて言語の著作物である。音楽もクラシック、ジャズ、フォーク、すべて「音楽の著作物」という一概念で括る。「文学と滑稽小説の接点」などとは言わないのである。

別に言葉尻をとらえて言うのではない。永い間、それを主流だと思っている一つの類型と、新しい時代の新しい形式とを区別したり対比する悪い癖が私たちにあるのである。これを払拭しないと著作権法を上手に読めないのだ。かつて、美術著作物に関する裁判で、老齢の弁護士が「ポンチ絵に著作権はないのでして……」と発言して、童画家を怒らせたことがあった。

美術館員さんの言うところを私なりに言い換えると「伝統的な美術の芸術性に、ある場合の漫画も重なってくる」、あるいは「純粋絵画とすぐれた漫画の重なり」とでもいえば、「美術の著作物」の概念を混乱させないであろう。

✤ 美術の著作物とは

さて、美術の著作物とは、①平面的あるいは立体的に「美」を形象化したもの、あるいは美的に形式化したもので、伝統的なものに限らない。②カタチや色によって美を表現したもの。二条で言う創作的なもののことだ。

すっぽり似せたり、盗んだものは論外としておく。①や②による創作についてその素材は何でもOKだ。前述したように紙でも布でも木でも金属でもよい。現代彫刻はもとより、パーティーの氷の彫刻、雪まつりの雪像――すべて美術の著作物であり得る。

著作権法は、思想又は感情を創作的に表現したもの（二条）を、文芸、学術、美術、音楽の四つに分けている。文芸・学術・音楽でないものは、美術著作物あるいは、それに類する写真の著作物のようなものである。

著作権法での、つまり編集者にとっての「美術」を具体的に挙げると、――絵画、版画、彫刻、書、コミック（漫画や劇画）、カリカチュア、ポスターやカレンダー、舞台装置など――。

舞台装置とは、芝居の舞台に見ることのできる個々の美術的著作物、聞くことのできる個々の音楽がそれと併存する。舞台の全体、全容に深くかかわる「背景の絵」や「大道具」としてセットされた組み立ての形式を総合的に一つの形象と見たてて、そこに創作性があれば、美術の著作物とするのである。それはおそらく、大勢の裏方さんの共同著作とはされないだろう。全体を企画・構成・指揮した者が著作者。著作権者は興行にあたっての契約によって確認される。この分野での契約内容や慣行を知っておくことも、何かの役に立つだろう。しかし、本書では扱わない。

以上が著作権法で言う「美術」だ。美術的な制作物、美の表現そのものを目途とする創作品、創作物を純粋美術と称して一つに括（くく）る。これが美術の著作物の基本概念である。

✤ 意匠法と応用美術

いま、美の表現そのものを目途とすると述べたが、これに対して、量産を目途とする「美術に類するジャンル」がある。一般に応用美術といってきた。ひと口でいえば、表現を主目的としたものを純粋美術、量産を目的とした物(ブツ)を応用美術といい、前者を著作権法の対象とし、後者を工業所有権制度の対象としてきた。

応用美術は、美そのものよりも、美の効用・効果を、量産、実用品に活かそうとするものだ。美に、対するアプローチが違う。価値のおきどころが違う。応用美術は多くの場合、著作権法では保護しない。必要なら、意匠法でカバーしてきた。著作権法で純粋美術を、意匠法では応用美術＝美術利用作品の創作者を「守る」ということだ。

応用美術品は具体的に四つに分類される。

1　美術工芸品(装身具のような実用品)。

2　実用品と結合した彫刻など(家具など)。

3　量産される実用品のひな型(文鎮など)。

4　染織、図案など実用品の模様に使われることを目的として制作されたもの。

最後に注意しておきたいこと——

a　美術工芸品のうち、一つしか創らぬもの、一品制作の工芸品は、美術の著作物とされる（二条二項）。

b　多量生産の実用品でも、鑑賞性が、美術著作物と比肩（ひけん）し得れば、著作物としての保護を受ける余地があるとされる。因みに、bの場合――人形のあるものは、一品制作でなくても、美術工芸品と考えられる。その場合は、美術の著作物とされた（博多人形赤とんぼ事件・長崎地裁佐世保支部・昭和四八・二・七判決）。また、実用品である幼児用の椅子TRIPP TRAPPの一部分に「思想又は感情を創作的に表現したもの」を認めて、美術の著作物としての著作物性を認めた判決も出た（知財高裁二〇一五・四・一四）。

c　実用品の部分として、美術著作物の複製が利用される場合、その部分については、著作権法によって保護されると考えられる。

d　建築の著作物、写真の著作物、図形の著作物等は、大きい意味で「美術的」だが、それぞれ「美術」から独立して扱われる。たとえば、図形はそれが学術に関与して創作的であれば学術的な創作物（十条一項六号）とされる。

e　一つの美術的表現物が、著作権法と意匠法の両方にかかわることもあり得るが、支障はないとする説が多い。意匠法により認められる権利の客体は、いわば、美的創作物としてのデザインである。創作的美術工芸品の場合は「意匠権による保護と著作権による保護とが考えられます」（寒河江孝允『知的所有権の知識』日経文庫、一九九〇年、六一ページ）と説明されている。

15 地図の著作物

地図について、自然的現象や人文的現象――事実そのものを一定の記号で再表現しただけの非著作物ではないかという疑念を持つ者もいるが、そう考えてはいけない。地図は地図利用者のニーズに合うように、多くの素材、たとえば地名などの中から必要なものを選んで、制作者の美意識によって工夫配列した創作と見ることが素直な理解である。「思想又は感情を創作的に表現」したものである。

一〇条一項六号に、「地図又は学術的な性質を有する図面、図表、模型その他の図形の著作物」とあり、地図は、著作物として例示されている。ここでいう地図とは「図面」「によって表現された学術的な著作物」の一つ（文化庁文化部著作権課内著作権法令研究会『著作権関係法令・実務提要』第一法規、一九八〇年）である。地勢図・統計地図・文化地図・道路地図・鉄道地図、海図・観光地図などいろいろだ。右の一〇条一項には、「又は」「学術的な性質を有する図面、図表、模型その他の図形の著作物」と規定されている。右「六号」は学術的あるいは技術的な内容の地図を著作物としたものである。この条文は、地形の模型や地球儀・月球儀なども含んでいる。

市販されている五万分の一などの実測地図（基本地図は二万五〇〇〇分の一。二〇〇八年全揃い）は、国土交通省国土地理院の制作になるものである。国の関与した著作物だが、個人・家庭の範囲(著作権の制限)を超えた無断複製は許されない。「測量法」によって、国土地理院が利用の許可権を持っている。その「長」の承認を必要とするのである。

国土地理院の実測地図、あるいは、そこから派生した創作地図を、そのまま複製しないで、類似的に作ればよいのか、というと、単なる模倣では、著作権侵害になるだろう。自分の利用目的に合わせて、原地図を加除塩梅して創りたい。原地図は、新規につくるものの参考にする程度に利用すべきである。著作者人格権的な配慮をして制作者に連絡を取って利用するなら、百点の処理だ。まとめてみよう。

1　模倣性の強い若干の修正では、新規の創作といえない。原地図を参考にして、自らの創意による新しいものをつくって使うこと。その場合、その地図の著作権の所在を出版者と地図制作者の間で明確に契約(書)で定めておくこと。制作を指示した者と描きあげた者の関係を曖昧にしないこと。利用権を確認しておけば将来の再利用にあたってトラブルはおきない。

2　実測地図などの、国土地理院の関与したものの利用は、「その長」に届けること。その「長」の承認を受けて複製すること。「長」の承認を受けた複製物には、院の長の承認を受けたことを、その紙面に明示することになっている。届とともに、明示の義務が発生する。参考になるので、測量法から引用すると「公共測量の測量成果のうち、地図その他の図表、成果表、写真または成果を記録した文書(中略)を複製(二九条)」する場合には、必ず国土地理院に連絡するように。さらに、筋論としては、直接の複製だけでなく、それから二次的な著作物をつくろうとする時もまた、承認がいるわけだ。二次的なものから、さらに派生する地図の場合は、許諾関係に緩やかな慣行があるが、原作との距離が問題である。

✤「一般的な地形図」は創作と見るべき

地図は、その完成について、企画者と協力者がいるし、著作の過程・手順、その態様などが複雑だから、著作権の帰属するところがわかりにくい。他人作製の地図を利用したい編集者は、その発行者に聞いて、正しい権利者と交渉したい。できれば、基本的な実測地図を参考にして、自分の利用に適った新規の地図を創れば、何の問題もおこらない。ただし、他人に指図して描かれたものは、描いた者に著作権が存するという判例があるので、その地図の企画者・スポンサーは、必要なら、前述したように制作者との間で権利の帰属について文書の契約をしておくことだ。

✤ 実測地図と編集地図

実測地図などを参考に創った地図は？

市販されている国土地理院の地図、つまり基本測量地図・実測地図などの複製については、届けて

「許可」を受けること、そして、許可済みの表示を必要とすることを述べた。一般に規範的な実測地図や、その他の地図を参考にして、独自に「簡単なもの」を創って掲載する。このようにして創られた地図は、下敷にした地図とは関係なく、新しく著作物として権利が発生する。

地図の作製にあたっては、

1　著作者の見識とか経験によって裏打ちされた「まなざし」によって、

2　複雑多様な現象の中から「用」に応じて、素材の取捨選択を行ない、

3　わかり易い表現形式についての工夫がほどこされる。

このような著作者の精神作業に依拠した地図には創作性が認められ、その制作者の著作物たり得るのは当然である。

新しい著作物の誕生と言い得る場合とは、もとのものに対して「省略と誇張」に、独自の工夫と、創意の明確である場合である。「もとのもの」をなぞるのではなく、間接的に利用しつつ、なお、創意が存在するなら、それは新規の著作物である。

しかし、単なる模倣や略図化しただけのもの、

1　瑣末(さまつ)的な二次的修正

2　ありふれた修正増減

による地図は、もとのものから独立して独自に新しい権利は発生しない。著作権が発生しにくい。トレースするような感じの作り方では、原地図の権利者の許諾があればその利用は自由だが、利用者の独占的著作物にすることは許されない。

権利が発生するかしないかの境目は、実物を見れば、すぐわかるが、一般論として説明するのはむずかしい。地図の著作物の成立を学者の言葉に聞く。「およそ地理、地形等を表示するもので、その作成に独創性が認められるものは地図として著作権の対象」(清水幸雄)と平明に述べている(前出『著作権のノウハウ』、九〇ページ)。

右に付言すれば、東京地裁(昭和四四・五・三〇判決)の判示するところでは、略図式なものの著作物性を疑問としている。すなわち、「何人も容易に着想し得るようなありふれた修正、増減を加えたもの」は、それを著作物として独占できないとした。また、よく例示される「富山市・高岡市住宅地図事件」(富山地裁・昭和五三・九・二一判決)では、住宅地図のようなものは、地図一般より権利が制限されるとした。おぼろげではあるが、地図における創意——著作物性を推察できる。

参考　半田正夫『著作権の窓から』法学書院、二〇〇九年、二〇〇ページ。

✤美術の著作物としての地図

事実を適当に図示するだけでは「用」の目的に照らして不備であり、利用者への伝達効果が弱いとなれば、部分を誇張したり、あるいは簡略化したり、創意のある付加価値をほどこし、強くアピールすることで、たのしく身近な編集地図が出来上がる。このような地図は、一般に美術的な性格を有するものと考えられ、これらは、法のいう美術の著作物（一〇条一項四号）である場合が多い。

最近では、略画的な描法や漫景（まんけい）的な手法による表現技術が進んで、愉快なパンフレットが、会社などのPR用に登場している。下手な漫画より「おもしろくてためになる」と思う。実測地図に対して、市街図などで編集地図といわれるものの進歩が目立ち、その出来上がりを全体として見ると、美術的な著作物と思われるものもある。美術的な意識に依拠しつつ描かれた、あるいは表現された地図は、大衆にわかりやすく利用度が高い。

図形の著作物であれ、美術の著作物であれ、あるいは両方の性質を有するものであれ、地図・地図的なものは著作物としてその作成者の著作権が尊重されなければならない。しかし、はじめに述べたように、中には、学術的でもなく、美術的でもないもの――単純なロードマップ、交通図が、著作物といえないとされることもある。著作物性の弱い地図の作製者には、権利が与えられない。権利のあるなしの判断は、慎重でありたい。次に美術の著作物としての地図の無断使用の例を挙げる。

✤パリ市鳥瞰（ちょうかん）図事件など

著作権のある地図を無断使用して、著作権侵害として訴えられ、被告が、敗訴した事件について触れてみる。

一九五九（昭和三四）年、ラ・ルージュリィはパリの市街図を、略画的な手法で作成した。巧妙な強調（デフォルメ）と省略によって、パリの全景観を効果的に一望できるパリ観光用地図の白眉である。このように書けば、読者の中には、「ああ、あれか」と気づく人もいるはず。この鳥瞰図には「日本における複製権者の代理人」がいた。著作権処理をラ・ルージュリィから委ねられていたYは、いくつかの使用条件の下で、この美術的地図の著作権管理をすることになっていたのである。Yの会社が著作権の使用許諾をつかさどっていたわけだ。素敵な地図であり、私もむかし、パリの空港でこれを買ったことがある。

日本のNという会社が、このパリ鳥瞰図を、断わりなしに、無許諾で多数複製して、洋服箱のデザインに利用して販売した。当然裁判ということになる。原告側はラ・ルージュリィとY。被告はN社だ。原告らは、

1　著作権侵害に基づく損害賠償と、

2　人格権侵害に対する謝罪広告の掲載

を求めたのである。被告Nは鳥瞰図をオフセット印刷で複製して、しかも、その「部分」だけを使用したのみでなく、改ざん・改変、つまり勝手に加筆したのであった。人格権＝同一性保持権の侵害。さらに洋服箱の貼り合わせばかりでなく、包装紙のデザイン画としても活用、製造販売もしていた。

結果は、原告らの被った迷惑に対して、

1　財産上の損害は二〇〇万円

2　著作者（ラ・ルージュリィ）人格権に対しての侵害による賠償額一〇〇万円

3　名誉・信用の毀損に対しての謝罪広告

という判示(一九七六・四・二七大阪地裁)であった。

右は旧著作権法下の判断であり、四〇年近いむかしの額である。

現在の著作権法一一四条(損害の額の推定等)の三項は、「著作権者、出版権者又は著作隣接権者は、故意又は過失によりその著作権、出版権又は著作隣接権を侵害した者に対し、その著作権、出版権又は著作隣接権の行使につき受けるべき金銭の額に相当する額を自己が受けた損害の額として、その賠償を請求することができる。」としている。これをロイヤルティ相当額の損害賠償を請求することができると理解するならば、この判決の額は、今様に計算すればより大きなものとなろう。

この地図は美術的な地図として典型的なもので、よほど魅惑的なものであるらしく、いろいろに無断で使用されつづけていた。この地図やこれに類する地図については著作権処理を委任されているYに、謝罪の足を運んだいくつかの例がある。

1 高名なデパートが、無料で壁画に拡大して使用。その複製物の展示。

2 編み物会社が、無断で部分の利用。

3 代表的な航空会社が無断使用。

4 複数の大出版社が、無断で、単行本の装丁や本文中に部分の利用、などなど。

非著作物としての地図ならともかく、明らかに著作権の存する美術的地図が、勝手に利用される例が多い。著作物か非著作物かを識別し、創作性ありと判断したら、許諾を得て利用すべし。地図は、トレースされたり、部分修正をされたり、「部分」を切り取って使われたりすることが極めて多い。著作物は許諾を得て、慎重に利用したい。利用目的の明示・明約。

✣地図の「権利」の「ありドコロ」は？

地図の利用について、ＯＫをもらう問合せ先、著作権者の特定が大切なことだ。次のいずれかである。

1　地図制作者が著作権者＝著作者（権利残留）

2　発行者・出版者が著作権者（著作権が出版者に移行）

3　著作者と出版者の共有著作権

1は許諾を受けること。会社作成の新規の地図は、職務著作だから、その社で使うかぎり他人の許諾必要なし。2は、発行者に連絡すれば、量的でなければタダでＯＫしてくれるか、わずかな使用料で許諾してくれる。2と3は、まず、発行者に、その権利の処理を聞くしかない。発行元の電話に出た編集者が勝手にＯＫしたり断わったりするが、筋違いである。ほんとうの権利者名を聞き出したい。

「共有著作権」については、「共同著作物」（一九〇ページ参照）の項で述べる。

16 写真の著作物

写真は、新聞やミニコミ誌のような出版物あるいは会社の発行物などにおいても、文章を補い、記事を具象化する手段として、イラストとともになくてはならぬ著作物である。単に報道され、「見られる」にとどまらず、紙面構成上の「にぎわい」としても、レイアウトの美学としても編集技術上必要である。

すぐれた写真家が輩出して、一般の著作物と同じ著作物として、絵画のように鑑賞されるようになった。鑑賞に耐える作品が多いのである。場合によっては美術そのものである。「情報伝達の重要な素材」であるばかりでなく、独立して「鑑賞目的のもの」も多くなった。

✤写真の性質

写真著作物は、二条一項一号(本書二一ページ)の示す〝著作物たる要件〟を「像」によって具備したものである。

言語や美術などの著作物と異なる点は、
1　制作あるいは創作の過程で、機械に依存していること。機械のメカニズムによって形式化が完成すること。それで、永いこと、文芸や美術に対して権利についてハンディを背負わされた。
2　デジタル化が進むまでは現像、焼付等の技術的な処理が必要な場合があったこと。
3　他のジャンルに比べて、リアルに視覚的であり、速報性にもすぐれている。
4　テーマによっては、被写体の選定、構図の設定に加えて、撮影者の企図に照応しての光量の調節、絞りの決定などに知的な判断と操作を必要とする。シャッターチャンスによって、そのカメラマンの独自の思想や感情が表現されること。
1および2の営為によって、被写体をフィルムその他に再現、「写真」として形式化される。4によって創作性が評価される。

「写真の製作方法に類似する方法を用いて表現」されるもの――スライド、マイクロフィルム、グラビア、コロタイプ、写真染なども写真の著作物に含まれる。写真という表現物について「単にシャッターをきっただけのものではないか」というようなことを言う編集者は、さすがに少なくなった。デジタル機器の進歩とは関係なく、撮影者としての創作者の「目」が写真著作物をつくり出す。その性質は、限りなく美術の著作物に近づく。

一九九七年（平成九年六月一八日改正）、写真著作物の保護期間が、一般の著作物と同じく死後起算になったのは遅きに失することだ。

✤著作物性のない写真

著作物たるべき要件(二条一項一号)を充足しない写真――非著作物――もある。単なる複写に類するような、主題的な意味で創作性のない写真は著作物性が極めて弱いので、著作物とされず著作権なし。保護されない。そのようなものは単なる表現物であり、非著作物とされる。

具体的にいう。「絵画」や「書・書跡」などのような平面的な作品を撮影した写真は著作物性が認められないとするのが定説。『ハンドブック』は「被写体を忠実に再製することをもっぱら目的とする絵の複製写真は、ゼロックスのような複写機で作られた複製物となんら変わりがありませんので、これらを著作物とは認めがたい」としている。絵に限らず、平面的なものの再製には「写真の権利」は発生しないと考えてよい。あたかも文字や図形の複写的な再製物に著作権が与えられないのと同様なのである。その理由は、たとえ機器操作に技術的な工夫があったとしても、主題の決定や構図の設定に創作性、クリエイティブなところがないからである。被写体が著作物であろうとなかろうと被写体の姿の近似値を求める知的努力だけでは、著作物とはされない。精神的労作としないのである。写真なら何でも写真著作物だということにはならない。

平面的な美術著作物等の複製手段としての写真の場合と、写真そのものを芸術として、あるいは報道として著作する場合とを識別、区別して、前者の場合の写真には権利を認めず、後者の場合はその制作過程での「思想又は感情」に主体性を認めて著作物とする。著作物には著作権が認められる。

平面絵画の写真複製に対して、彫刻のような立体的な原作品・いけ花・料理を撮影した場合は、被写体が著作物であろうと、なかろうと、その写真に著作権が発生する。ロダンの「考える人」や岡本太郎の一連の造形を撮影したものは、写真の出来の良し悪しに関係なく著作物だ。この場合の写真には創作的な「まなざし」をみることができるとされる。原作に著作権が存していれば、その写真著作物には、原作と写真、二つの著作権が働く。権利の併存である。その写真を複製使用しようとする者は二つの使用許諾を得なければならない。

平面絵画の写真的再現、写真的複製に著作権なしとすることについて、写真家はおそらく不満であろう。前記筒条書きの1と2の部分を、どう判断するかという問題でもある。

参考

豊田きいち「美術の複製写真の創作性」、『JUCC通信　第120号』日本ユニ著作権センター、二〇〇七年。

同「事実の伝達にすぎない雑報及び報道」、『JUCC通信　第121号』日本ユニ著作権センター、二〇〇七年。

✤写真の保護期間

たとえば、文章は、言語の著作物として、著作者の生存間および、その著作者の死後一定期間を経過するまでの間、著作権が保護されるのに対して、芸術的写真や報道的写真は、永いこと公表時を起算点として一定期間保護されるとされてきた。

写真著作物の保護が死後起算でなく公表後期間とされていたについての問題点――。

1 かつて写真の著作物性について国会でも論議され、賛否両論があったということ。一般の著作物との性質の異同に関する論議を経て、その著作権保護は「公表後」とされたのである。前記1と2にウェイトをおいた判断であった。

2 当時の、条約上の取扱い。それとの整合性。外国の立法例とのバランス。

3 旧著作権法の規定との関係。

4 記録的な性質――被写体依存の宿命。創作性の稀薄を指摘する者が多かったこと。

5 創作者としての著作者名のわからないことがしばしばであり、したがって著作者の死亡が確認しにくいこと。物理的理由。

6 映画の著作物の保護期間(二〇〇三年まで公表後五〇年であった)との均衡・整合性。

右のような理由で旧法では写真の著作物の保護期間は、他の著作物より短かったが、現行法制定時に長さとしては一般の著作物と同じ「五〇年」（ただし公表後）に延長された。しかし写真家は、歴史的事情よりも創作性を強く主張して、保護期間を「死後起算」とすべく法改正への努力を重ねた。

✤著作物性の濃淡

ひと口に写真といっても、その著作物性には、作品ごとに異なった質、異なった需給＝経済的価値がある。写真の著作物のみではなく、すべての著作物の創作性に濃淡がある。「文化」は「濃」の部分の創作性によって支えられる。「淡」が「濃」を支えるともいえる。写真についていえば、土門拳のように美術的著作物性、詩や短詩のような一定の思想を明確に表現するものもあり、平面的絵画の撮影などのように説明目的の「単なる複製」手段である場合もある。報道写真にも、ロバート・キャパのような、文学そのもの、ヒューマニズムそのものの表出によって、人の心を動かすものがある反面、メモとして撮られたものでも、対象が立体的であるかぎり、すべての報道写真は、原則として著作物である。単なる雑報（一〇条二項）として自由使用が許されるものではない。その著作権は当然保護される。一〇条二項を読み間違えないように。編集者たちは、一〇条二項には写真も含まれると思いがちだが、写真は法文上は「雑報」には含まれない。また一般のメモ的写真には、著作物もあれば非著作物もある。その識別は、編集者の目に期待される。これは彼らの編集技術のうちに入ることである。

私は、個人的には、いまでは写真は美術の（美術的）著作物として「美術」と重ねていいと思っているが、著作権法は写真を著作物の一類型として一〇条一項八号で独立させて例示している。

平成八年の著作権法改正（五五条の削除）によって、写真は保護期間＝死後五〇年の著作物となった（そして後述する平成二八年の法改正により、死後七〇年に延長される）が、写真そのものに、著作者名（あるいは著作権者名）が明示されることが新聞・出版その他の編集者の願いである。ことにプロのカメラマンの場合は、利用者としての編集者のために必要な情報が雲散霧消しない方法で、著作権者の氏名や撮影日時とか公表年とか——などの表示を工夫されることが望ましい。写真の二次使用にあたっての報道上の理由もあるし、著作権処理の必要もある。過去を現実に再表現できるもっともすぐれた形式・リアルな歴史の証人なるがゆえに、撮影のＰＬＡＣＥ（場所）とＴＩＭＥ（撮影年月日）なりＡＧＥ（公表年）が示されるとよい。よい方法があるはずだ。出版者も、日本写真家協会の希求する「著作物への著作者（著作権者）表示」に積極的に協力しなければいけない。

因みに——。平成八年改正の施行前に著作権が消滅しているものについては、なお従前によることとされた。保護が復活しない（平成八年改正法附則第二項及び第三項〔経過措置〕参照）。遡及しないことに写真関係者たちは不満であった。

参考　豊田きいち「写真のトラブル——判例の周辺」、『写真著作権』草の根出版会、二〇〇三年、九八ページ。

17 写真の再掲載（二次使用）

✤出版者と写真著作権者（カメラマン＝写真の著作者と「編集」の争い）

公表済みの写真を再掲載　既発表の写真を他の出版物に再利用することが多い。いい写真は二次使用される。出版物に限らず、広告やテレビにも二次使用されている。その際、二次使用の写真の中に、無許諾もの――写真の著作権者に無断で掲載――が混入するのである。その原因には、出版者側の、つまり編集者の、写真に対する「保管」と「所有」と「権利」の混同や「軽視」があると思う。編集者の勘違いをする二点――。

1　契約によって、権利の所在を定めた場合や、職務上の著作の場合は、写真の撮影者、つまり、シャッターをきった者が、必ずしも著作権者あるいは著作者にはならないが、特段の約束がなければ多くの場合、撮影者が著作者だ。ところが、編集者の中には、シャッターをきる者、即権利者と考えたくない者がいる。被写体や周囲の人間の貢献を勘案しないで、カメラマンが、権利をひとりじめすることが、釈然としないのだ。カメラマンは被写体に対してシャッターをきっただけではないかと考えたがる。編集者の自尊心からくる勘違いだ。

2 経験の浅い編集者は、著作権の制限規定に該当しないもの――権利処理の必要なもの――でも、一定の「写真」の場合、著作物と言えないのではないか、事実の伝達にすぎないのではないか、つまり、写真は被写体という外界に対して、シャッターをきっただけの写しではないかと考えたがる。権利者の存在しないものだと考えようとする。

出版者側の心の底にある、この二つの思いが、著作権法の読み違いを誘うように思う。そこで、SM写真二次使用事件(東京地裁・昭和六一・六・二〇判決)の概要を紹介し、考えてみたい。以下、この稿は、前出の『知的所有権法基本判例〈著作権〉』(九六ページ)、および『判例でわかる著作権』(日本著作権協議会編集、出版ニュース社、一九九一年)で損害賠償事件として紹介されたものを参考にして、現場の「編集者」を念頭において述べる。

カメラマンである原告をA、被告の出版者をBとしよう。ヌード写真家AとSM雑誌の発行者Bとの裁判。Aは写真の著作者。著作権者としてBの無断二次使用を著作権侵害として訴えた。Bのその写真の一次使用については問題はなく、その写真の二次使用での、無断使用を「不法行為」として、Aがクレームをつけたのである。

1 著作権使用料相当額の損害金

2 弁護士費用

の二つの合計額・一三〇五万三五〇〇円を請求。
これに対しBは、
イ　社員である編集者が、主導的に関与して撮影が完了したものであるから、その著作権は、出版者側にあると反論。さらに、
ロ　この場合の写真について、性欲を刺激して興奮させることを目的とした「公序良俗」に反するものであるから、著作権法が保護する必要のないものである。著作物として保護するならイの理由によって権利者は出版側だと主張。イとロのどちらかの理由によって、写真の複製掲載は、著作権侵害ではない、とした。
イとロと論旨は矛盾しているが、ここには編集者あるいは出版者が、写真著作物に伴う権利・利用権を考える際に、しばしばおちいりやすい典型的な「ものの見方」の歪(ゆが)みが現われている。
判決は――。
a　編集者が、主導的立場にあったのは、企画や撮影の準備活動においてのものにすぎないとした。――筆者が付言すれば、企画はアイディアであり、アイディアに著作権なし。準備活動は著作権法では著作物の創作行為とは考えない。編集側の「お膳立て」は直接の著作行為とは言えない。著作行為とは　表現化の直接的アクションなのである――。
b　これに対し、①アングルを定め、②独自の光量を工夫設定し、③一定のフォルムをねらってのシャッターチャンスをつかむ、などのAの行為は、その写真の制作に必要な思想・感情の表現活動と言える――表現化の直接の判断者、行動者として原告Aに、その写真の著作権あり（九六ページ）。

という判示であった。

✤ 写真著作権者の権利

写真の著作権の帰属が単一のカメラマンだとしても、場合によっては、労力や経済の提供者としての出版者側＝編集者の発意や責任を評価して、出版者側にも権利に参加させてよいのではないかという意見がある。しかしこれは契約の問題だ。

この裁判で、Bは、①編集者の主導的役割の重さ、②出版者の費用負担の大きさを主張して、その著作物の著作権はカメラマンではないと抗弁したが、前述の理由によって、企画や撮影の準備活動や金銭的負担は、精神的な創作性とは別のものとされ、Bの主張は退けられた。

Bは論拠として、テーマの設定、カメラマンそのものの選定、その補助者の提供とその労力、モデル選び、「演出」としての縛り師の選定などや、小道具等の準備、さらにはDPE処理者の創意工夫を挙げたが、それらの総合的協力よりも、Aの直接的知的行為——シチュエーションの判断、モデルの個性や肉体的条件に適合した絵柄＝構図の決定、そしてアングル、ライティング、ポーズのディテールの指示などに、著作権法上の「創作性」ありと判示したものであろう。

右の結論は、著作権という角度で「作品」の利用権を判断する場合の一般的な通説に従ったもので、現行法では当然の結論である。「著作権」の所有、あるいは使用権に、出版者が参加したければ、撮影

の前に、カメラマンとの間に、
1　著作権譲渡の契約
2　共有著作権者になるための契約
3　二次使用の独占契約あるいは優先使用権契約
などを選べばよい。いく通りもの契約形態があるはず。両者が、それぞれの利害得失を考えて、あらかじめ合意しておくべきだ。いけ花などの写真の二次使用についても同じことが言える。

✤二次使用についての裁判の結果

1　AのBに対する請求は前述のように一三〇五万三五〇〇円（以下、利子関係略）、訴訟費用の被告B負担。仮執行宣言である。Aの計算の根拠は、カラー写真一ページあたり一万五〇〇〇円、白黒写真は同五〇〇〇円である。したがって、
一万五〇〇〇円×七八三ページ＋五〇〇〇円×二六ページ＝一一八七万五〇〇〇円に＋訴訟費用一一七万八五〇〇円であるから一三〇五万三五〇〇円
となる（右の額は前出『判例でわかる著作権』、一五二ページ）。
2　それに対するBの答弁は、原告Aの請求の棄却、訴訟費用は原告の負担というもの。オールに対するナッシングである。

以上のような経緯、1と2の対立を踏まえて具体的な判決をみた。その数字に対する論断の仕方――。

一九八六年の時点で、SM雑誌における写真著作物の一次使用の掲載料は、

イ　カラー写真(頁)一万円～一万五〇〇〇円

ロ　白黒写真(頁)四〇〇〇円～七〇〇〇円

と判断。「一たん雑誌に掲載されたことのある写真を繰り返し使用する場合や(中略)一次使用された写真と同一機会に撮影された写真を使用する場合には、(中略)一次使用の場合の半額」とした。この部分は妥当であろうか。そして、この裁判では、この場合を①カラーの単価を五〇〇〇円、②モノクロの単価を二〇〇〇円、と仮定したのである。

すなわち、BがAに支払うべきは、

五〇〇〇円×七一六ページ+二〇〇〇円×二三ページ+弁護士費用三六万円=三九八万六〇〇〇円

である。ページ数に変化あり。因みに、弁護士費用は、Bに対し全額請求であったのを、三分の一とした。Aの勝訴と言える。

因みに――、同一出版社での、写真の二次使用の料金が、一次使用の料金より安いことについては、多様な意見があり得る。大きな課題である。

18

音楽の著作物

著作権の集中的権利処理（ＪＡＳＲＡＣの場合）

✤「音楽の著作物」の利用

音楽著作物は、旋律によって、思想または感情を創作的に表現したものである。たとえば、オペラや演歌は、楽曲だけでなく、歌詞を伴うことで成立する。これらは、「音楽の著作物と言語の著作物が結合して一つのまとまった著作」行為の役割を果たしている。歌詞と楽曲が結婚・結合したので結合著作物といわれる。一つのものとして利用されるが、別々にも利用される。

歌詞は、詩でもある。文学的なもの。言語の著作物である。歌詞は楽曲を伴う文芸のことであり、音楽著作物とも呼ばれる。楽曲は、楽譜としても形式化され、音楽の著作物の主体である。このような「音楽著作物」の使用料は、その多くが日本音楽著作権協会を通して著作権者に支払われるが、著作物の利用者は歌詞と楽曲を別々に支払うのが原則である。

音楽著作物の成立要件としては、歌詞も楽曲も、必ずしも、音による表現が楽譜などに固定されている必要はない。ただ、紙の上に記号的に外面形式化されることによって、コミュニケーションが正確かつ容易になるということだ。

書籍、雑誌、新聞などを出版物と総称するが、これらが音楽著作物の伝達に大きい役割を果たしていることは確かである。出版物を著作権者のほうからみれば、出版者はその著作物の利用者＝複製者・頒布者ということになる。著作権の使用者である。

もちろん、一枚ものの楽譜も四ページのパンフレットも出版物だ。さて、出版者が、音楽著作物を利用するには──掲載するには──どのような手続きが必要であるか。

✤音楽の著作権の集中処理

普通の著作物は、その掲載使用（著作物利用）に際して、あらかじめ、著作権者に直接、許諾をもらうのが一般的だが、「音楽著作権」（歌詞と楽曲）については、その多くが、「著作権等管理事業法」によって、JASRAC（ジャスラック）といわれている日本音楽著作権協会が、音楽著作物の使用許諾と権利処理を行なっている。多くの音楽家などの著作権を束ねて、集中的に権利処理を行なうことになっている。独占ではないが、シェアの大きい機関である。窓口の一つとなっている。音楽著作権の権利者は、自己の意思によって、自分自身で直接に許諾をしてもよいが、それでは事務的に煩雑なので、権利処理について、ＪＡＳＲＡＣ等と契約をする場合が多い。ＪＡＳＲＡＣは、すべての音楽的権利者から著作権管理を委ねられているわけではないが、多くの著名な作詞家・作曲家が、協会に束ねられていると考えていい。ＪＡＳＲＡＣと権利の行使について契約をしていない著作権者については、それが誰であるか、私たちにはわかりにくい。だからＪＡＳＲＡＣのホームページを見るか、電話で聞いて対応するのが賢明だ。新聞社も出版社も、一応、ＪＡＳＲＡＣに連絡してから必要な手続きをすることにしている。そうすることによって、著作物の無断使用＝著作権侵害がなくなるはずである。

(社)日本音楽著作権協会（ＪＡＳＲＡＣ）
〒一五一—八五四〇　東京都渋谷区上原三—六—一二
電話　〇三—三四八一—二一二一
ホームページ　http://www.jasrac.or.jp/

因みに、平成一二年までの仲介業務法によって〝集中的な著作権処理の窓口は一カ所〟と定められていた著作物は、次の1・2・3・4である。

1　小説
2　脚本
3　楽曲を伴う場合における歌詞
4　楽曲

しかし、ＩＴ時代——、著作権情報手段の変革、ネット配信の普及に対応して、著作権および著作隣接権に関する「権利」の管理事業が自由化された。音楽のジャンルだけでなく、すべての著作物等についての管理事業の自由化で新規参入が相次ぐことになった（一一七ページ参照）。

さて、ＪＡＳＲＡＣでは、演奏、放送、録音、貸与等を、利用形態別に使用料を定めている。多くの音楽関係者のターミナルになっている。ＪＡＳＲＡＣの使用料規程は、その「管理する著作物の使用料率」を「著作物の使用方法により」、①演奏等、②放送等、③映画、④出版等、⑤オーディオ録音、⑥オルゴール、⑦ビデオグラム録音、⑧有線放送等、⑨貸与、⑩業務用通信カラオケ、⑪インタラクティブ配信、⑫ＢＧＭ、⑬ＣＤグラフィックス等、⑭カラオケ用ＩＣメモリーカード、⑮広告目的で行う複製、⑯ゲームに供する目的で行う複製、⑰その他、に区分して、別々にきめている。その第四節が出版等である。「出版等」というのは、ＪＡＳＲＡＣの表現では「著作物を印刷、写真、複写その他の方法により可視的に複製する場合」をいい、販売用出版物等として、歌詞集・楽譜集・ピース等、書籍、雑誌・新聞、その他の商品に分け、別にその他の出版物等をあげている。規程によって、「著作物を印刷、写真、複写その他の方法により可視的に複製する場合」の媒体に対して料金を請求している。雑誌は、定期刊行物である。したがって、右規程では書籍とは別料金である。

✤雑誌の場合

１　表５は雑誌・新聞が音楽著作物を掲載する場合の「著作権使用料」である。料金は発行部数に

表5 音楽著作権の使用料金（雑誌・新聞の場合。1曲あたりの料金）

2,500部まで	5,000部まで	10,000部まで	50,000部まで	100,000部まで	300,000部まで
4,550円	5,100円	5,550円	11,100円	14,800円	18,500円
500,000部まで	1,000,000部まで	3,000,000部まで	5,000,000部まで	5,000,000部を超える場合	
27,750円	37,050円	55,550円	56,800円	58,100円	

消費税別。著作物使用料金は、すべて令和3年現在。

よって累加される。これに「消費税相当」額が加算される。

2　すでに述べたように、音楽著作物は、楽曲を伴う場合の歌詞と楽曲との結合著作物であって、この二つは、二つでありながら一つである。「一曲」として使われる。一つのものとして利用されると同時に、別々にも利用できる。だから、上の表に示される使用料は、その発行部数により、一曲につき、歌詞・楽曲それぞれの額なのである。一曲料金ではない。結合した二つの著作物の合計料金ではない。

3　学術的なものは、一般の市販の雑誌などと比べると、部数が少ないので、料金も安くなり得る（使用料規程第一章第四節・出版等の備考⑤）。

✤書籍の場合

普通の書籍の一部に、歌詞あるいは楽譜を使う時の使用料は、表6のような規程になっている。前に述べたように、JASRACに問い合わせて、その管理内のものか、管理外のものかを確かめてもらいたい。他の機構・方法で処理する場合もある。集中的な管理外のものは、集中処理の対象ではなく、権利者に直接交渉すること。楽曲が管理内

表 6 音楽著作権の使用料金（書籍の場合。1 曲あたりの料金）

500 部まで	1,000 部まで	2,500 部まで	5,000 部まで	10,000 部まで	50,000 部まで
1,050 円	1,200 円	1,300 円	2,600 円	4,350 円	6,500 円
100,000 部まで	300,000 部まで	500,000 部まで	500,000 部を超える場合		
8,700 円	13,050 円	13,350 円	13,650 円		

消費税別。著作物使用料金は、すべて令和 3 年現在。

で歌詞が管理外ということもあり得る。この項での「表」は、JASRACの場合で、歌詞、楽曲それぞれに適用される。重ねて言うが、合わせて一曲という料金ではない。

また、替え歌を掲載したり、編曲した楽譜を公表したい時は、著者人格権のうち同一性保持権あるいは翻案権とも関係するので、協会にその趣旨を率直に伝えたい。協会とは別に、著作者・著作権者の許諾が必要となる。二次的利用によってできた作品は、それに原著作者の著作権が働くのは当然だが、その二次的著作物の作者も、新作について著作権者となる。その利用者が原著作者への配慮を忘れることもある。念のため……。

歌詞や楽曲の一部分の掲載利用には、①著作物の使用と考えられる場合と、②引用と考えられる場合がある。後者は、三二条によって無許諾利用（自由使用）してよい（一三〇ページ参照）。その場合は、出所明示が義務づけられている。

①と②の区別は、一般の利用者には、しばしばむずかしく、ユーザーとJASRACとで見解が異なることもある。判断できる第三者がいるとよいのだが……。第三者の判断を期待するなら、その旨協会に伝えて結論を待つこともできることにはなっている。

表 7 音楽著作権の使用料金（その他の商品等。1 曲あたりの料金）

100 部まで	1,000 部まで	2,500 部まで	5,000 部まで	10,000 部まで	50,000 部まで
1,900 円	2,150 円	2,350 円	4,700 円	7,800 円	11,750 円
100,000 部まで	300,000 部まで	500,000 部まで	500,000 部を超える場合		
15,650 円	23,500 円	24,050 円	24,600 円		

消費税別。著作物使用料金は、すべて令和 3 年現在。

歌詞集や楽譜集のように、歌詞・楽譜などが主となっている冊子・書籍の場合は、「消費税を含まない定価」の一〇〇分の一〇に発行部数を乗じた額が使用料である。JASRACに支払った金員は、最終的には、契約権利者に支払われることになる。一〇〇分の一〇とは、冊子の全部がJASRACの管理著作物の場合のパーセントであって、もし管理外のものが混じっていれば、それを除いた比率を乗じることになる。除かれたものについては、その部分の著作権者にユーザーが自ら交渉するのだが、その場合の使用料は、一応JASRACの規程が参考にはなるだろう。

会社の旅行やカラオケ大会での歌詞集は、書籍の料金表に従うことになる。この種の著作物の利用は、私的使用（三〇条）に該当しない。家庭の範囲という限られたものではなく、私的だからという理由は認められない。市販のものは、あらかじめJASRACの許諾済であるのが正当な出版物。許諾表示がないものは、著作権侵害の出版物と考えられる。

次に、舞台などで、演奏家が使う歌詞・楽曲の印刷物は、ペラもの（ページものではない、一枚の印刷物）のように見えるが、これは堂々たる出版物である。これをピースと呼んでいる。ピースも、歌詞集や楽譜集と同じように、消費税を含まない定価の一〇〇分の一〇に発行部数を乗じた額が使用料である。大ざっぱに言えば、演奏家がＪＡＳＲＡＣを通じて作詞・作曲家へ支払うという仕組みである。

✤その他の場合

新聞・雑誌・書籍、ピースの使用料については以上である。次に料金表の中に「その他の商品等」というのがある。出版社にはちょっと疎遠な表現物の場合——。

旅行などをすると、名物を売るお土産屋で、歌詞を染め抜いた暖簾(のれん)や手拭いを売っている。あれも、使用料を払っているはずである。ＪＡＳＲＡＣは、違法な侵害者を全国的に調査している。この手の表現形式のものの使用料は表7を見てほしい。

また、歌碑、パネル、ポスターのように、個人的利用の集合というよりは「公衆に展示又は掲示されることを主たる目的とする場合」は、その製作部数と関係なく、一律に定められ、例えば歌碑であれば一曲につき、歌詞、楽曲それぞれ二万五〇〇〇円である。

以上で、音楽著作権関係の使用料とその周辺事項を概観した。最後に補足をしておく。

ここまで述べたことは、既発表のものの料金である。ＪＡＳＲＡＣの規程によれば、まったく新規に、作詞や作曲を依頼した場合に、その出版者が支払う「原稿料」は、示した料金表の外側のものとしている。

新作を頼んで、それを掲載（複製・頒布）する場合には、創作料（原稿料）と規程料金の両方を払うことになるわけだ。ＪＡＳＲＡＣの論理としては正しいのかもしれない。キマリだから守るのは当然だが、ちょっと不思議な気もしている。音楽以外のジャンルでは、著作物発生点での掲載料は、依頼した原稿料に相当するものの中に含まれるのが常識であろうし、永年の慣行だ。ＪＡＳＲＡＣのルールと他ジャンルの慣行は、どちらが妥当か、ＪＡＳＲＡＣと出版界——、将来の課題だ。

また、日本音楽著作権協会著作物使用料規程で解決できない特別の場合とか、権利者側の窓口と利用者との意見が一致しない時は、協議の余地があるとする備考が添えられている。

それから、学術的で、かつ、部数の少ない「学術的な専門書」については、例外的に優遇することになっている。一般企業などでも、学術的な専門書を冊子にするが、もし、それに音楽著作物を使用する必要があるのなら、「学術書」である旨を、ＪＡＳＲＡＣに伝えて、料金の減額をしてもらうとよい。額はわずかでも、少部数のものには意味がある。文中に示した料金表の金額から一〇〇分の二〇を限度として減額することができるようになっているのである。

かつて、この、学術書優遇のための討論をした際に、ＪＡＳＲＡＣの委員は、学術的な専門書とそうでないものの区別について、たとえば、法学概論はＮＯであり、その各論を論述した独立した出版物はＹＥＳだと思う、と言った。細かくは討論されないで今日に至っている。この減額方式は多くの出版者に忘れられているらしい。

右のほか、音楽の著作物と他ジャンルのものの集合的な出版物の場合、両者の比率で使用料を算出することがある。

✤ 著作権等管理事業法

情報のデジタル化、ネットワーク化の進展に伴って、二〇〇一年までの「仲介業務法」は、著作物の利用実態に合わなくなった。著作権者たちの保護、著作物の管理システム、すなわち、著作権者と著作物管理団体の自由な関係について、新しい法的基盤の整備が求められた。そこで、法律の適用範囲、業務の許可制、使用料の認可制などについて全面的な見直しとなった。昭和一四年に制定された「著作権ニ関スル仲介業務ニ関スル法律」は役割を完了した。

代わって、「著作権等管理事業法」(平成一二年一一月二九日公布、平成一三年一〇月一日から施行)が生まれた。

19 保護期間・権利の制限、自由に使用できる著作物

著作物の利用に際して「許諾」の必要なものと、不要なものの境界線をのぞいてみる。表8のIについて――著作権の生きている、だから権利の働く著作物である。思想・感情を創作的に表現したもの(二条)。一〇条一項では、私たちの常識でもわかるように、著作物をジャンル別に示しているが、これらは限定例示ではないので、より広く具体的に知らなくてはいけないわけだ。この本の冒頭で並べた。

これらの著作者は、著作者の生存間および死後七〇年、ものによっては公表後七〇年間、その著作物の使用について、排他的独占的な権利を持つ(五一―五八条参照)。因みに――、平成二八年TPP協定締結に伴って、それまで基本死後五〇年だった保護期間を基本死後七〇年に延長する著作権法の改正が発効したのは二〇一八年一二月三〇日。この時点で保護期間内であった著作物の保護期間は、死後七〇年、ものによっては公表後七〇年に延長された(保護期間を終えていたものは復活しない)。すでに「公表後七〇年」に延長されていた映画の著作物の保護期間はそのままとされた。

参考　宮田昇『学術論文のための著作権Q＆A――著作権法に則った「論文作法」』新訂二版、東海大学出版会、二〇〇八年。

Ⅱの①の第一項目について――これは、著作者が死亡して時間が経過し、保護が切れた著作物。つまり、著作物が公有に帰したものは、自由に利用できる。夏目漱石や宮沢賢治、太宰治などの作品は、遺族などの著作権者であった者に断わらなくても使ってよい。ただし、故人の著作者人格権については配慮したほうがよい（五九・六〇条）。

（イ）著作権の保護期間を経過したものは無断無許諾で使える。「職務著作」は公表後起算で。「映画」なども公表後法定期間を経過したもの。（ロ）共同著作物は、一般の著作物では、最終に死亡した著作者の死後起算。（ハ）無名・変名の著作物は、公表後保護期間を経過したら公有となる。ただし変名が周知のものであれば別。くわしくは、五二条（無名又は変名の著作物の保護期間）参照。保護期間については著作権法第二章第四節に、具体的に規定されている。さらに、本来著作物だが、著作権の発生しないものについては、一三条（権利の目的とならない著作物）で例示している。

Ⅱの①の第二項目について――著作権法が、公共のために、自由に使用してよいと定めたもの。公衆へ周知徹底する目的で表現化されたもの、たとえば法令や判例がこれにあたる。国の内外を問わず法令は、すべて自由に使用できる。公共のための制限（権利主張の押さえ込み）である。法律・命令・官公文書・憲法、条約、政令、省令、告示、訓令、通達・判決・各種審判庁委員会の裁決、判定とならべると、保護をしない趣旨がわかるだろう。

ただし、政府刊行の白書や報告書は、保護からはずしていないし、私人作成のものは、著作物として権利を保護することになっている。

Ⅲの①について――一〇条二項に「事実の伝達にすぎない雑報及び時事の報道」は、著作物に該当しないと言う。著作物でないものに著作権使用許諾の必要なし。自由に使用してよい。思想や感情の表現ではなく、事実だけを伝えた報道記事は、借用にあたって出所を示す義務もない。

『著作権法解説』（日本書籍出版協会、一九七一年）には「人事往来、死亡記事、気象通報などの『雑報』的なものをすべて含んでおり、これらのものは自由に使用してもさしつかえない」とある。ここで「すべて含んでおり」とあるが拡大解釈をしてはいけない。事実のみを端的に伝えたにすぎぬもの

表8 自由に使用できる著作物・権利のない非著作物

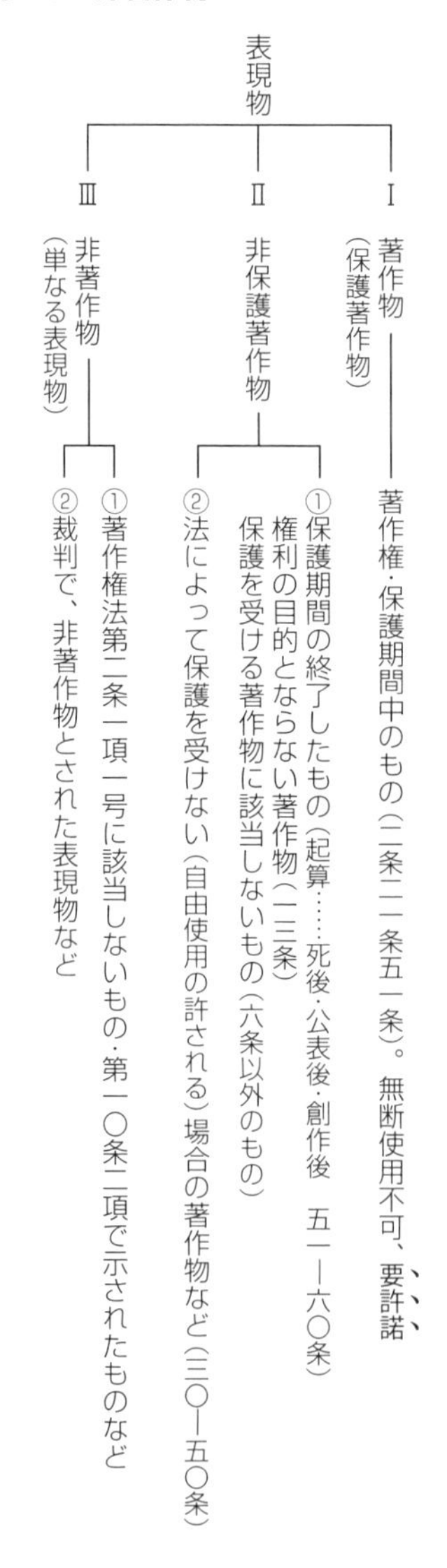

を「雑報」と表現している。「事実の伝達にすぎない」表現物は創作性がなく非著作物なのである。非著作物に「使用許諾の権利」の持主はいない。ただし伝達記事でも執筆者の個性が表出しているものは、単なる雑報とは言えないので、著作物。一般の新聞記事の多くは著作権の客体と思われる。描写に主観的表現があれば著作物性があると考えられる。

因みに、報道写真は一〇条二項でいう雑報ではない。事実を伝えるについてカメラアングルという「個性」が働くからであろう。シャッターチャンスに創意があるからだ。写真は、若干の例外を除いて、適法引用と平面絵画の写真表現以外は、無断使用は許されないのである。

三九条に、〝著作物だが、場合によっては無断使用できる〟という規定がある。それは著作権の制限規定の中の一つであり〝時事問題に関する論説の転載等〟の利用についてのもの。著作物だが、特定の場合には自由に使えるという例だ。これに対して、一〇条二項（注意規定）のほうは、非著作物だから無断で使えると規定したものと解してよかろう。

✤本などに自由に使用できるものの具体例

Ⅲの②について――具体的な例示をしてみよう。一〇条一項の著作物の例示を一瞥しただけでは、具体的に、何が著作物で何が非著作物か、の判断ができないからである。

権利なしの例、無断使用しても著作権侵害にならない例を次に示す。『特許実務家のための著作権法入門』(大家重夫、発明協会、一九八六年)や多くの参考文献が紹介した裁判例および著作権法の「読み」から自由利用可能と思われる非著作物の例――。著作物としての権利の客体ではない例――。表1(五ページ)および表8(一二〇ページ)などとあわせて見てほしい。

▼標章(因みに、五輪マークは非著作物。東京地裁・昭和三九・九・二五決定。周知性のゆえをもって不正競争防止法の適用もあり得る。商標として登録できず、商品などに勝手に使用できない)。

▼商標・サービスマーク……これらは商標法や不正競争防止法による保護があり得る。標章や商標は記事中での掲載は問題なかろう。

▼自然科学上の法則・発見など……このジャンルは、著作権の客体ではなく、場合によっては特許法等の保護があり得る。

▼デザイン書体……印刷用活字字母の書体、写植類の文字面には、まだ著作権は認められない。また、装飾文字は美術著作物に該当しないとした判例(最高裁・平成一二判決)がある。中には、該当せずと言いきれないものもあろうか(大家重夫『タイプフェイスの法的保護と著作権』成文堂、二〇〇〇年)。

▼実用品……(イ)編み物早見表。多くの場合、編み物段数の早見表に著作権を認めないが、構成に新工夫があれば、著作物性が認められないだろうか。(ロ)船荷証券用紙・無尽掛金表・簿記仕訳盤。(ハ)万年万能カレンダー。(ニ)耐震擁壁。建築の著作物と言えない。(ホ)実在人物名等や単なる事実のみを表現したものに著作権なし。虚構人物やキャラクター*も非競合的に表現し利用するなら許されよう。(ヘ)楽譜そのもの、音楽的旋律の記号化されたものを、その音楽=楽曲と切り離して、独立した視覚的な著作物とすることは無理。

＊imaginative character＝非著作物。fanciful character＝絵としての著作物。

右のほか、流行語、標語（スローガン）、キャッチフレーズ、戒名、題号も非著作物。ただし、標語の中には「著作物性」を認められたものもある（五四ページ参照）。

因みに、データベースの抄録＊などは、著作物である場合もあるが、多くは非著作物。ケース・バイ・ケースで判断する。

＊indicative abstract＝非著作物。informative abstract＝単独に原著作物の可能性あり。

以上、非著作物を展望。既述した著作物の具体例とこの非著作物の例と比べていただきたい。

20 「自由使用」の及ぶ範囲

✤美術展のカタログ裁判（自由に利用のできる場合とできない場合）

一九八九年の秋は、著作権侵害についてのニュースが多かった。たとえば日本経済新聞の一〇月七日の朝刊に「美術展の図録に著作権」「豪華なら実質画集」という大きい記事があった。このタイトルだけでは、一般にはわかりにくい。

これは、日本の代表的な画家――新聞はなぜ藤田画伯と書くのだろう――故藤田嗣治の未亡人が〝展覧会を企画した業者〟を相手に争った裁判で、編集者たちの話題になった。東京地裁に訴えた未亡人の言い分は、

1　法律（四七条）で許された程度の、小冊子に相当する図録ならよいが、豪華な図録に、藤田の絵を「無断」で掲載し販売したのは、著作権侵害だ。

2　その違法行為を行なった展覧会の企画者に対して、図録の販売の禁止を求める。
3　損害賠償として金二八〇〇万円を支払え。
というのであった。結論的にいえば、この訴えは、東京地裁で、額を除いて、ほぼ正しいものとされた。

裁判では①その「図録は、法律が認めた解説用の小冊子とはいえない」とし、②業者に対し金三四七万円の支払い、などを命じたものである。

この裁判の争点は、四七条に関係がある。四七条一項は、美術の著作者、又は未発行の写真の著作者は、原作品を公に展示する権利を専有している(二五条)が、その「第二十五条に規定する権利を害することなく、これらの著作物を公に展示する者は、観覧者のためにこれらの著作物の解説若しくは紹介を目的とする小冊子にこれらの著作物を掲載」することができるとしている。つまり「美術展で、著作権者の許可なしに作品の解説、紹介を目的とする小冊子を販売しても」よい、というものである。ひと口で言うと、何でも彼でも著作者の権利が及ぶのではなく、著作物の利用目的によっては、その複製は著作権の侵害とされずに頒布できることを定めたものである。「著作権の制限」の一つである。ただし、その美術展で作成販売される図録が「小冊子」であることが要件、著作権法で権利の除外規定の要件として、この場合では、小冊子という表現を使っているのである。前述したような小冊子という範疇なら無断使用が許される。この小冊子について、裁判長は、四七条を「実質的に豪華本や画集といえるようなものはこの除外規定に含まれない」と付言したのである。豪華本の無許諾発行は、美術の著作者に損害を与えることになる。もちろん、許諾を得てなら、どんな立派な冊子に複製してもよいのだが――。

何ページまでが「小冊子」であり、豪華本とか画集というのはいかなる量感のものであるのか、その解釈に違いがあれば、それも大きな争点となるはずであったが。ここでの問題の中心は、「利用目的」と「小冊子」の内容面(編集方針)の解釈の二点である。

敗訴したこの展覧会企画会社は、展覧会の場合は、おおまかに、「図録は著作権者の許諾なしに作るのが常識」と考えていたもののようだ。確かにそういう傾向はあるが、その主観的な「常識」なるものの例の多いことをもって、それを、正しい慣行といえるかどうかは疑問である。ここでも、豪華本、画集と同様、図録というのが、何をイメージしているのか、分析されていない。小冊子と図録、それに対する豪華本と画集――その内容判断も線引きもむずかしい。

この事件の場合の図録とは、著作権のまだ消滅していない故藤田嗣治の作品の写真複製を掲載したものだが、縦、横各二四センチ、アート紙製、一四三ページであり、一冊を一九〇〇円で販売したものである。多くの同類のカタログや、この世界の慣行という実態を勘案せずにいえば、判決は、著作権法の素直な解釈に基づいていると思える。判決の要点とそれについてのコメントを箇条書きしてみる。

1　四七条の「小冊子」について「作品の解説が主か、作品に関する資料的要素が多いことが必要で、紙質、規格、複製形態などからみて、鑑賞用書籍として市場で取引する価値があるようなものは〝実質的に画集〟であり小冊子にあたらない」――この場合の対象物件は、要するに立派な冊子＝「本」だといっているのだ。言い方を変えると　市場で売れるようなものは、著作権者に許諾を求めてからつくれということである。この場合の冊子は四七条の外側のものとしている。

2　判示されたところでは、この事件の対象となった冊子＝画集と比べて「同程度かそれ以下のものが画集として売られている」とし、だから、市販のものと同質程度と考えられるのでいけない、という三段論法のように思える。そして、

3　①この図録の美術展での売上総額の一割に相当する三四七万円の支払い、②図録の販売の禁止、③原版の廃棄、などを命じた。

判決は、おそらく多くの展示会場でこの図版と同じような立派なカタログが、四七条のワクの中での容認と解されて、現実に販売されていることを承知しつつも、この場合はNOとしたのであろう。著作権侵害事件は、被害者が自ら言挙げした場合に公に俎上にのぼる。親告罪だからである。藤田未亡人の、いわば潔癖さによって曖昧なところがはっきりしてきたというわけだ。条文の拡大解釈に馴れた被告である美術展の企画者たちには言い分もあろう。関係者の不満の声が聞こえてくる。

イ　立派なカタログが、日本中の美術館にあるではないか。なぜ、これだけが――。

ロ　市販の書籍と違い、限られた会期のためのカタログなのに。

ハ　この判決の、美術品展示関係者に及ぼす影響は大きい。

という声。しかし、理論としては、この判決は、やはり見識なのである。

この裁判で分析されていない二つの点を指摘しておく。一つは、美術展での図録の複製利用行為の要件の許容度と「文化」としての展覧会の内容の質とに関係があるかないかということ。美術展なるものにもいろいろあり、公的性格の強いものと商業的性格を帯びたものとがある。適法に無断使用が可能な「質と量」の判断には、このことが関係するのかしないのか。ひらたく言えば、教育行為的か

経済行為的かというのは、ことの判断に関係するのかしないのか、ということ。もう一つは、小冊子とは、いかなる質、とりわけ、いかなる量を指しているのかをもっと細かく示してほしかった。それがむずかしければ、一応の目安ぐらいは暗示していただきたいところであった。それによって、この事件での冊子「アート紙一四三ページ」が何であるかを考える手だてとするのも一方法ではなかったか。このへんが、隔靴掻痒（かっかそうよう）というわけだ。

「小冊子」という語彙は、日常よく耳にする。いろいろな文章の中に出てくる。国語として、さらには国際的に、いかなる共通認識になっているか。

参考

豊田きいち「「小冊子」――語の緩み」、『マスメディアと著作権――著作権トラブル最前線』太田出版、一九九六年、六四ページ。

同「著作権用語としての『小冊子』」、『ＪＵＣＣ通信　第１２２号』日本ユニ著作権センター、二〇〇七年。

21 公正な「引用」について

（社）日本書籍出版協会や著作権情報センターに著作権の相談室がある。編集者や著作者・著作権者たちが、著作権法の「理解」の確認や、著作権処理について、迷ったとき相談にくる。また、一九九一年に発足した日本ユニ著作権センターでは、広告の創り方や「出版契約」についても具体的な相談を受けている。当然のこと、相談内容は公表しない。マル秘である。

編集者たちの不安なことのうち、もっとも多いのが「引用」についてである。

引用規定は三二条一項。「公表された著作物は、引用して利用することができる。この場合において、その引用は、公正な慣行に合致するものであり、かつ、報道、批評、研究その他の引用の目的上正当な範囲内で行なわれるものでなければならない。」というものである。

ご存知のように、著作権法の三〇条以下は「著作権の制限」についての規定である。著作物の公共性に鑑みて、著作者の私権を、無制限に認めることをせず、無断で、無許諾でも、その著作物を利用してよい場合を並べたものである。その一つに「引用規定」があるわけだ。

✤引用・借用・援用

「引用の成立要件」――、「配慮すべきエチケット」を並べてみよう。

いかなる場合に　適法引用のことを、一般に、自由使用とかフェア・ユースなどと言っている。「自由」という言い方で、解釈に幅ができてしまう。そこを気をつけてほしい。まず、被引用の著作物（かりに原作と言う）は、公表されたものであること。未公表ものの引用は三二条ではダメとしている。報道、批評、研究の場合など、条文は限定例示ではない。自説の正当性を謳（うた）う必要性からの例証、論点の補強。自説のポジション明示のための他説との比較などの場合も可としている。引用する側が著作物でない場合も可とされた例もある。[*] 原作の著作意図に反しないような利用でなければダメ。同一性保持権を尊重して、原作の表現意図と同一の意味で利用すべきである。内面的形式の尊重。自説の表現目的に合わせるような〝意味を曲げた〟引用は許されない。[**]

＊美術品鑑定証書引用事件（平成二二・一〇・一三知財高裁判決）

＊＊大江健三郎「陳述書と二つの付記」、『世界』（第六六五号）岩波書店、一九九九年。

大江健三郎の場合は、引用者が自己の発言に都合のよいように大江の文章の意図を曲げて利用したことへの反論であった。

どのように　自分の本文が主で、引用部分は、それに従属していること。こっちが主人で、向こうはお客さん。必要性とか、必然性とか、有機的な関連とか、いろいろに説明されてきた。主（主文）と従（被引用部分）の関係が唐突であったり、不自然であってはいけない。内容的な主従関係は、表現された結果――外面的形式――を見てもわかるように。自説と「引用」部分とが一見して別のものとわかるように表現形式にも工夫がなされなければならない。原作と被引用部分が混同されないように、原作を「カギで括る」とか「何字下げ」かをするのが一般的である。まず原作が先にあり、自分の論述がそれに対応するような利用は引用ではない。試験問題の解説集・短詩形の詳説・文末に添えるアクセサリーのような俳句などは、原作者の許諾なしでは無断使用であり、適法ではない。アンソロジーなどは引用利用ではない。使用許諾を得る努力が必要。もう一度言うと　自分の論旨の補強のための引用にとどめること。原作を中心にして、その上に乗って論述したりするのは疑問である。論術のベースに原作を使うのなら、許諾を得たい。引用部分が、自分の論旨の進展に節度ある貢献をしてくれる程度に利用すること。誠実な抑制を心がけ、過剰引用はいけない。

どのくらいを　以前に産経新聞のコラムだったか、大学教授の怒りの発言に「他人の文章を過度に引用するのは原稿料泥棒」とあった。無神経に自作を転用された著作者の心情だ。しかし引用規定は、現行法では被引用の量を具体的には示していない。量を制限しないのは、絵画、イラスト、写真、短詩形などの引用の場合、量的制限をしたのでは、かえって原作の表現意図あるいは著作物性を尊重しない結果になりかねないからである。原作者への配慮を示している。また、被引用著作物は文芸、学術、美術、音楽、それぞれの分野によって引用方法の慣行が異なるであろう。正当な範囲には、ひとにより多少の判断に揺れがあるだろう。それよりはむしろ異質的な結合こそ戒むべきである。これは原作者の著作者人格権にもかかわる。要は違和感のある引用と過剰引用の二点は、覚めた目でなら判断できるはずで、それを避ける抑制の美学が量を決定する。因みに、写真と絵画の引用については本書一四九ページでも触れている。

かつて日本文藝家協会とJASRACで話し合い、引用の量について、①歌詞については一小節以内、②楽曲は半分以内、などということを、文書にしたが、適法と言いがたい判断を含む〝権利者側同士の打合せ〟を、利用者を含めた慣行と考えるのは賛成できない。筋が通り適正な利用なら、右の①・②を越えて悪い理由はない。過度・過剰でないのなら全体の引用も許される。短詩形の場合や美術・写真の場合がそうである。長文の部分を二カ所以上利用する必要のある場合は、「中略方式」で全体を縮める良識が欲しいが、それによって、原作の意図が変更されることもある。原作者の意をさかなでして「著作者の権利」を侵すのはいけない。

全体の引用と部分の引用　全体を引用できるのは写真、絵画、短歌、俳句などが典型的な例だ。写真や絵画の一部分利用は、著作者の了承を得ないかぎり著作者人格権の侵害だとする説がある。しかし、私はそうは思わない。部分を引用するなら、部分であることを傍らに添えがきして使うのが「礼」であろう。

外国のものの引用　外国のものの引用も許される。その部分の翻訳者名を示すのは、原作者への配慮とともに、翻訳者への義務でもある。訳文は一般に引用では逐語訳がよいとされる。原作の文意を尊重して引用すること。意訳は慎重に。要略して紹介するのは許されるだろう。

要約して引用　要約して引用するのは、疑問。要約は翻案である。因みに翻訳されたものも（翻案されたものも）、原作の著作権と併存して新しい著作物とされる。二次的著作物。そのような姿での原作の借用利用は、原著作者サイドの翻案権が働く。要約引用は、一般の場合には、NOと考えることにする。ただし、新聞・雑誌が内容を要約して引用することは、ベルヌ条約一〇条一項（新聞雑誌の要約〈Press Summaries〉の形で行なわれる新聞紙または定期刊行物の〝記事〟からの引用）の文脈から適法と考えられる。要約引用可能説については一三五ページ参照。

原作者のフトコロを侵さないこと　原作の大切な部分、骨子にあたる部分の多用によって原作者に経済的な打撃を与えないこと。原作が必要でなくなるような「量・重大な部分」の過剰な引用は、著作者財産権にかかわるので慎みたい。引用した部分が、独立して市場性を持つとしたら、その分だけ原作の市場性が弱くなる。そういうことの配慮をせよということだ。たとえば、絵画などの美術ジャンルでは、必要を超えた大きさ・精妙な複製によって利用されると、原作の希少価値が拡散するとされる場合もある。

✤「引用」と編集技術

①出所明示の仕方、②引用部分の表現方法、③引用における「コトワリガキ」、などは、執筆技術、あるいは編集技術として考えることでもある。

不完全なテキストが出版物になって、市場に出ていくのは、著作者もさることながら、編集者にとって恥ずかしいこと。著作者は、頼れる編集者、親切に原稿を点検してくれる、目のある編集者を求めているはずである。一枚一枚の原稿用紙が著作者と編集者の間を往復し、両者に、美しいものをもたらす、それが「編集行為」なのである。編集者は、完全原稿という著作物成立の適法化に協力し、原著作者の意図に沿った公正な再表現のために腐心すべきなのである。

著作権法のすぐれた解説書はたくさん発行されているが、引用を詳説したものは少ない。その中で規範とすべきは、第一に、『著作権法逐条講義』（加戸守行、前出）であろう。この名著を座右にしている編集者でも、「引用」に関する部分では、法に照らして〝どうも釈然としない原稿〟を見過ごして印刷にまわしてしまう。参考書として『Q&A引用・転載の実務と著作権法』第五版（北村行夫、雪丸真吾編、中央経済社、二〇二一年）をすすめる。

✤ 要約引用の是非

「要約」なる語が「翻案」を意味するならば、要約引用は疑問である。しかし「『血液型と性格』要約引用事件」(東京地裁・平成一〇・一〇・三〇判決)では、要約引用を認めた。「原文献の趣旨に忠実な要約」だとか「すでに社会的に広く行われている」なども許容の理由。「要約」という語の使用法の分析のない判示だが、是とする学者もいる。「言語の著作物にあっては、要約のかたちで引用することも認められよう。」(斉藤博『概説 著作権法』一粒社、一九九四年、一八〇ページ)と叙述された場合の「要約」はダイジェストではなく、要旨のようなアブストラクトを意味していると思う。私は、「要約」なる語彙ではなく、原文献の人格的および財産的利益を損なわない前提での「要旨」を借用する技術あるいは修辞上の検討があった上での要旨の借用利用なら認めてよいと思う。翻案権(二七条)に抵触すべからず。

参考　Carol E. Rizzler, “What’s Fair About ‘Fair Use’?”, Publishers Weekly, 3. APRIL. 1983.
茶園成樹「『引用』の要件について」、『コピライト　No.565』著作権情報センター、二〇〇八年、二ページ。
シンポジウム「著作物の引用」、『著作権研究　26』著作権法学会、一九九九年、八三ページ。

22

文章作法としての「引用」

引用規定を厳格に読み、それに従って、他人の文章、時には絵画や写真など、あるいは音楽著作物を、正しく利用することは、実際にはむずかしい。表現者たちは、総じて、引用規定を軽視し、あるいは、主観的判断で引用行為を行ないつつ執筆活動あるいは表現行為を行なっている。いくつか、どうかな、と思う例を並べてみよう。目くじら立てて言うのではない。考えるに価いするからだ。文章作法本の著作者でも引用規定を誤読しているのである。

1 『現代文の書き方――12の心得』（扇谷正造、講談社現代新書、一九六五年）の中で、好ましい手紙の例として、奥田東子という少女からの手紙の全文を掲載している。四二字×二四行分である。差出人の少女のころの住所も示していて、

ジェームス・ディーンの死んだ翌々年の秋のことですから、もうこの方もいまは社会人になっているか、あるいはお嫁さんになっているかも知れません。

とある。前後から判断して、手紙を扇谷正造に出した少女、つまり、手紙の著作者に対して、その私信の「著作権使用」あるいは著作物利用の許諾は求めていない。ラシイ。と言うことは、この本の

著者は、ことによると、引用という意識で、文中に利用されたもののようだ。出所が示されている点から判断すると、例証としての「引用」のつもりであったろう。

しかし、これは、一人の読者の、特定の編集長に対しての私信である。公表を期待しての「投書」ではない。手紙の著作物である。公表されたものではない。引用は「公表された著作物」に限られているから、この場合は引用が「適法に成立」しない。さらにそれを公表するかしないか、頒布目的での複製をするかしないかは、私信の著作者たる少女の許諾が前提となる。無断使用であるならば、少なくとも著作者人格権のうちの公表権および複製権そのものも侵しているわけだ。

2　同じ著者の『ビジネス文章論』(講談社現代新書、一九八〇年)――。対談について述べた個所、「ある種の雑誌の編集者および速記者」を、無責任、無知、怠惰と謗(そし)り、「相手を傷つけるのが本意でないから、雑誌名と対談の相手方の名前(高名な動物文学の作家)は伏せておく。」と断わって、1と同様の組みで四二字詰めの二九行を引用的に利用している。これを引用と認めることができたとしても、しかし、引用には被引用部分の出所明示が義務とされている。著作者の氏名を意識的に伏せた「引用」は無断借用であり、適法ではない。著作者人格権のうち氏名表示権の無視である。因みに、一九条(氏名表示権)の三項は、氏名表示権を制限し得る特例を示している。が、この場合は、それに該当しない。扇谷正造は、親切心から「傷つけるのが本意ではない」と言うが、だから、著作者人格権を無視してよいと言えるだろうか。ここには、われわれの日常的な「人格権」観と著作権語彙としての「著作者人格権」の内包するところとの違和・衝突がみられる。許諾を得るのは容易なことであるのに。被引用者の「著作者名表示」の権利(氏名表示権)を考慮しない「借用」は許されるのだろうか。

右の対談はおそらく共同著作物であって、対談相手に無断で対談記事の一部を公表したとしたら、共有著作権の無視になりかねない。この点も肯けないことだ。

3 『原稿の書き方』(尾川正二、講談社現代新書、一九七六年)の二四ページ以下で「読点の打ち方の基準として、永野賢氏の『学校文法概説』から、その要点を引用してみる。」(傍点は筆者)とし、四ページにわたって永野本から、借用している。「長い引用をあえてしたのは、詳細にわたり、具体的に整理されたものだからである。」と結語しているのである。この部分は著作物の使用、借用であって引用ではない。他人の著作物の二次使用である。「要点を引用」とは　新聞報道などとは違う発行物にあっては、著作権法の引用規定の正しい解釈に馴染まない。引用ではなく使用あるいは利用である。①要点の「まとまった借用」を引用と称するところに違和感がある。②こういう場合は、許諾を得る必要があることは言うまでもない。右の尾川本は永野賢の許諾を得て使用したと考えたいのだが——。

4 同じような引用規定の読み違いは、他の文章論の専門家の場合にも見受けられる。たとえば『文章を書く技術』(平井昌夫、社会思想社、一九六九年)は、定本のつもりの新版だそうだが、「引用」的な部分の扱いは旧版の「まえがき」で述べているところが、そのまま新版の内容に生きている。すなわち、

本書には、具体的に説明するために、いろいろな方々の文章をたくさん引用①させていただきました。巻末にもその一覧をそえて②、感謝のコトバのかわりにいたします。なお、批判の材料として選んだ文章については、わざと筆者名を出してありません③。

という執筆方針なのである。①・②・③と傍線は　私が付した。①について。その被引用的部分な

しではこの本の叙述が成り立たないところが多い。引用して利用する側と利用される側の部分が、前者が主で後者が従になっていない。主と従が逆になったりしている。したがって、この場合は引用とは言えない。他人の著作物の明確な使用である。引用か引用でないかの見わけは、すでに述べたように主と従で説明するのが、一般的で、わかりやすい。通説である。有名になった藤田嗣治作品の掲載事件の判決でも、前者が主、後者が従の関係が成立していることを要するとした(東京地裁・昭和五九・八・二一判決。二審、同高裁・昭和六〇・一〇・一七判決も同じ)。②の出所明示あるいは参考資料の「巻末一括一覧」も妥当ではない。引用の場合の出所明示は「巻末一括」は疑問とされている。三〇〇ページを超える本の巻末で「本文へ引用した文章の一覧表」という形式での出所明示は、学者の通説(小説ですら巻末表示を疑問とする説――阿部浩二『著作権とその周辺』日本評論社、一九八三年、一八七ページ。および前出『著作権のノウハウ』初版第一刷、二〇四ページ以下を参照)に反する。それぞれの引用部分の、許される範囲での近くに明示すべきだ。③は、わざと被引用者の筆者名を出さない「引用」(?)だが、著作者人格権の無視と言うほかはない。このような表現形式については　原作者の許諾がなかったとしたら、少なくとも、氏名表示権の侵害は明らかである。著作権の制限規定(三〇条以下)は、財産権としての著作権を制限するものであって、著作者人格権には、制限を加えていないのである。ここで示した事例の場合には、望むらくは、適法に、抑制された量で無許諾で引用するか、許諾を得て一定部分を使用するかであろう。相手の名を伏せて批評するのは闇討ちになりかねない。自分の著作の都合が優先してしまい、被引用の原著作者の権利をそれに従わせてしまうことのないように。

5　高名な新聞人、著名な学者の「引用観」を挙げたので、次に、私の敬愛する、文章家と言われる鶴見俊輔の『文章心得帖』(潮出版社、一九八〇年、三八ページ)での発言も眺めておこう。

書評でその書物から引用するとしたら、自分の文章ではとうてい書けない、と思うようなみごとな表現がそこにある、という場合に引用するか、あるいは――。

とあった。たいへんきわどい引用観である。引用規定を綱渡りするようなところがみえる。凡人が真似するのはあぶない。鶴見俊輔なればこそ適法に引用できるのかも知れず、凡人には真似できない。
6 ジャンルを変えて言えば、辻嘉一の『味覚三昧』(中公文庫、二〇〇二年)や『料理心得帳』(中公文庫、二〇〇五年)のような、一連の味覚随想――、文中・文末に使われる、俳句などの短詩形。その利用の仕方は文の調子を高め、内容に厚みを持たせるのにはもってこいである。新聞のコラムにも文末に現代俳句などの秀句が添えられる。これらの多くの場合も、理屈っぽく言えば、「引用」とは言えない。許諾を前提に使用すべきだが、短詩形の著作者たちは、無断使用されても怒りはしない。むしろよろこんでいるとすら思われる。このような現状は、そっとしておくのが平和なのであろうか。編集者不在。この文章では「引用」を説明するために、失礼な引用をさせていただいた。

参考
阿部浩二「文芸作品と注」、『著作権とその周辺』日本評論社、一九八三年、一八五ページ。
鈴木敏夫「大作家N氏の著名な侵害」、『実学・著作権――情報関係者のための常識』サイマル出版会、一九七六年、三六九ページ。

23

無断使用の事例

承前・ゆらぐ引用作法

✤他人の著作物の無断使用

　自由使用の許される「引用」のような場合には、「出所明示の義務」があるので、どの著作者のものを、どの本から借りてきたのか、ということを適当な方法で明示すべきだが、なかなか守られていない。冊子によっては、ことに美術的なものや写真などは、出所を明示しない場合が多いとさえいえる。また、巻末に一括して謝意を表するというようなことも散見されるが、それは、必ずしも、よいとはされない。「出所」は引用したものの掲載場所に近い位置に表示すべきなのである。

　ところで、何といっても、新聞紙面やテレビのニュースを賑わすのは、著作物の無断掲載の場合である。OKをもらって使用すべき著作物を、「引用」だと、我流の判断をして、使ってしまうのである。

出版を専業とする出版事業者——プロの編集者の引きおこすトラブルは、多様で複雑だが、その中で一番多いのが他人著作物の無断使用・無断掲載。原作品の関係者の不満や告訴がとび抜けて多い。他人の著作物を無断で複製頒布することでおきた事件を並べてみる。

✤無断借用事件・文章の場合の例（損害賠償請求事件）

『将門記』という戦記文学がある。一〇世紀ごろのもの。完本・原本は現存していないが、多くの古典がそうであるように、いくつかの異本が伝わっている。それらには、それぞれ誤字や脱字、あるいは「紙魚（しみ）」、不鮮明な箇所や書写の誤りなどがある。それを、林陸朗という歴史学者が、学問的な方法によって伝本の校異（こうい）を行ない、諸本の傍訓や返り点などを検証しつつ、用言の読みくだしに苦心の末、われわれにもわかる文語体に読みくだした。その訓読文は、史学に興味ある者に有益ということで、CS社から昭和五〇年の四月に出版されたが、同年一〇月には、その訓読文が違う出版者によって、『将門の旅』という題号の本に無断で転載された。「引用」としてではなく「転載」であるから、当然、許諾が前提であるべきだが、「読みくだし文」の原著作者のOKをとっていないのであった。そのNS工業という発行元が侵害者。底本とか伝本といわれる古典は、古いものであるから著作権はないが、この場合の校合（きょうごう）を経た訓読文のほうは、明らかに創作性を有し、原作から派生した、いわば二次的著作物として、権利の対象となる著作物である。

原告・林陸朗などと、被告NSによって争われたこの裁判は、当然、林側の優勢であったが、被告は、その争いの中で、①将門記の林陸朗作成の訓読文を著作物ではないとし、②著作物であったとしても「引用」(三二条)によって許されるものと主張した。しかし、この二点の抗弁は否認されることになる(東京地裁・昭和五七・二・八判決)。

被告NSは、この訓読文の二次使用について、あらかじめ、著作者の了解を得ておかなかった。この場合の訓読文は、たとえば、源氏物語の作者とされる紫式部に、いま著作権はないが、谷崎潤一郎や円地文子の、そして新しくは瀬戸内寂聴の源氏物語の「訳」や「翻案」は、それぞれ新しい著作物として著作権が発生したのと同じである。外国文学の翻訳者がその訳文について、原作者と並行して権利を重ね持つのと同断である。因みに、訓読文のすべてが、その完成とともに著作権の対象であるかどうかは、ケース・バイ・ケースで速断できない。

翻訳権の侵害事件を一つ紹介する。二〇〇八年六月二四日、日本のメディアが伝えた。中国(北京と上海)の複数の出版社が、日本経済新聞に連載した『失楽園』(渡辺淳一、講談社、一九九七年)を無断で翻訳出版した。著作者が請求した賠償請求額は五〇〇万元(約七八〇〇万円、当時)であった。

✤ 美術と写真の場合の例(その一)

何年か前に、東京芸大の先生が、外国の写真をもとに、無許諾で、それを克明に美術の作品に創り変えるという「事件」があった。新聞もこういう場合に「事件」という。二つの作品を並べて報道した。もとになった原写真は、著作権の存在する保護者作物。それを真似した絵画の、鳥の姿が原作品と酷似しているので、はっきりとした侵害であることは、素人にもわかる。旧法の言い方では異種複製だ。「引用」ではない。写真はしばしば、絵画などの制作に利用されるが、美術の著作者としては、あらかじめ率直に話し合って、許諾を得た上で利用するべきなのである。「真似」が悪いわけではないのだから。

写真を絵にする——してよい描き方もあろうし、いけない「表現」法もある。立派な大学の先生が、なぜ間違うのであろうか。引用という意識が迷路に入った例だ。

✤美術と写真の場合の例（その二）

また、劇画の中の「ひとこま」が、他人の写真から模写されることがある。このくらいなら——ということも多いが、中には、写真著作物を描法を変えただけで、すっぽり写し取るがごとき再表現によって、無断使用だと考えざるを得ない例も多い。一九九二年のはじめに話題になった『沈黙の艦隊』（かわぐちかいじ、講談社、一九八八〜一九九六年連載）と、その下敷き＝原作となった柴田三雄などの写真との関係もこれに近い例である。劇画の写真利用では、このような事例が多いが、原作者の許諾を得ることはむずかしいのだろうか。

次のような言い方が、よいか悪いかは疑問だが、真似する作者や、それを見のがしたり容認する編集者に対して、あえていえば、「見ながら真似るな。頭の中に入れてから、自分の発想、自分の感性、自分の美意識で創り変えろ」というのが、筆者の頭の中にある声である。

✤写真の利用と人格権侵害――パロディーの場合

山の写真家・白川義員(よしかず)が、一九六六年にオーストリアで撮影した一枚の写真――雪山の斜面を、シュプールを描いて滑降するスキーヤーを撮ったもの。それはアメリカの保険会社のカレンダーに掲載された。

グラフィックデザイナーのマッド・アマノは、右の写真を無断で「部分利用」してパロディー合成写真を作って発表した。創ったと書くべきか。自川が怒って提訴、パロディー側は被告。

1 白川の写真の山の尾根の部分に大きなタイヤをはめ込んで、スキーヤーの上に大きくのしかかるタイヤを組み込んでモンタージュ写真を作成。これは、パロディーの作品としては、独立したマッド・アマノの著作物である。

2 自動車公害の現状を風刺したパロディーであるから、だから、無断でも、何ら、おかしくないとマッド・アマノ側は主張した。白川の写真を引用(?)したのだと発言している。

はじめ、白川が求めたのは、著作権侵害による慰謝料五〇万円と、謝罪広告掲載であった。この、一九七一年九月からの一六年間の争いは、二度の上告審判決(最高裁・昭和五四・三・二八／昭和六一・五・

三〇)を経て、「和解」という決着であった。和解の内容は、はっきり原告の勝ちといえる。
受け入れられた和解は、
イ　アマノ側が、著作者人格権侵害による慰謝料四〇万円を白川側に支払うこと。
ロ　謝罪広告は出さない。
というのであった。白川義員は完全主義者であり、名だたる「頑固」といわれるが、彼が和解に応じたのは、二度にわたる最高裁判決が、アマノ側の著作権法違反を認めていることや、アマノ側が、最終的に、著作者人格権を侵害したとして、慰謝料を支払わざるを得なかったという事実が確認されたからだという。

パロディーだから、無断で他人の著作物が使えるというわけにはいかないという確認は、日本の写真家にとってもパロディー作家にとってもたいへん重要なことである。因みに、フランス(著作権)法(一九九二年)第一二二の五条(4)では、著作者は、公表された著作物について、「次の各号に掲げることを禁止することができない」(大山幸房・訳)とし、その例示の中で「もじり、模作及び風刺画。ただし当該分野のきまりを考慮する。」としている。パロディーと著作権法の関係は、国によって異なる。

一枚の写真が、一つの合成写真に組み込まれ、アマノの写真集に掲載されたということから始まった、このパロディー裁判は一六年を要した。白川義員は、一人のサラリーマンの退職金に相当するような金員を費消することによって、創作者や編集者に多くの教訓を残した。最高裁判決で確定されたのは、「パロディーと評価され得るとしても、他人の著作物を改変し、その著作者人格権を侵害」したことは〝イケマセヌ〟というのであった。①引用という利用方法ではない。②著作財産権の侵害としての判断はしない。③原作の無断改変をして、著作者の同一性保持権を侵害したことを含めて、明らかに著作者人格権を侵したもの——というのが裁判の結論であった。

✤許される無断利用(写り込み)

一定の意図があって、被写体を選んで撮影する。その写真の端(一部分)に、偶然、予期しない人物なり著作物(絵や書跡など)が紛れ込んでしまうことがある。

そういう場合には、権利表現物(肖像や著作物)からの権利主張は遠慮してもらう。認めない。写真や映像の単なる背景を「写り込み」という。主題に対して付随的なものは無断無償で複製・頒布してよいという法律。アメリカではこのようなのをフェア・ユースと呼んでいる。日本の著作権法も、その発想を取り入れた(三〇条の2平成二四年改正)。キャラクター商品の写り込みとか広告で使う書跡・美術品などのためである。

ただし、撮影者・写真の著作者が、意識的にやるのはダメだ。節度をもって拡大解釈を慎む前提での法文なのである。「写り込み」が法定される経緯を伝えた新聞記事としては、日本経済新聞の二〇〇九年一月一九日朝刊「写真の端に写った絵画など」と二〇一二年三月九日夕刊「キャラ写る写真容認」がわかりやすい。

24 写真の利用・絵画の利用

全体使用と部分利用

✤美術の著作物などの引用

著作権法の三二条で、他人の著作物を自分の文章に「引用して利用することができる」場合の「きまり」を示している（一二九ページ参照）。一定の要件のもとでなら、無断で使ってもよいというもの。著作物はその著作者の私的な財産ではあるが、文化的な所産でもあるから、一定の場合の公共的な利用・役割については、個人の権利を制限・抑制しようというのである。著作者個人の利益と社会全体の利益を両立させるために「一定の要件」が示されている。

適法引用の要件のうちの中心点は、引用して利用する側の著作物と、引用される著作物との間に、主と従の関係があること。両者には有機的な関連がなければならない。抜きさしならぬ関係の場合とでも言うべきか。たいして必要でもないのに、他人の著作物を無断で借りるのは引用といえないのである。それは「使用」なのである。使用であるからには、原著作者の許諾を得なければならない。これもすでに詳述した。

右に述べたように、主従関係が有機的であることが明確であるならば、文章ばかりでなく、写真や絵のような視覚的なものも無断・無料で、文章の中に挿入して利用することが可能である。

「写真」や「美術」の引用にあたっては、それらが直接的に視覚的な著作物であるところから、その著作物の性質を理解しておきたい。現実には、写真や絵の本来的な制作意図・主題と、それを利用したいと考える場合の文章の引用の目的との関係が、しばしば曖昧になってしまい、引用した者と被引用者＝原作者との間で見解の相違が生じ、確執を生むことがある。

写真や絵のような視覚的な著作物を内容的にみると、①鑑賞的な性格と、②記録的・説明的な性格の二つの側面がある。

そのどちらの面をどの程度、自分の所論の中で必要としているか。そこのところを、はっきり意識して引用すべきである。ことに絵画の著作物ばかりでなく彫刻などを含めた美術的著作物は、鑑賞性を伴うところから、その引用は、ゆるやかに拡大解釈されて利用されることも多く、したがって、言語の著作物よりも限定されるべきだといわれてきた。

理屈に偏するかも知れないことを述べる。具体的にいえば、出版物――書籍や雑誌の口絵はもちろん、新聞の文化欄の「美術の紹介」に掲載される「美術作品とその解説」では、解説者において、主従関係がはっきり理解されていないことが多い。視覚的な美術作品の写真複製が主であったりする。これらは、理論的には引文と絵の主従としての相関性が弱く、出所の明示も不十分であったりする。

用とは言いがたい場合が多い。美術の紹介に熱心な全国紙Ｎの朝刊の最後のページの美術欄で扱う著作物は時々、引用とは言いがたい「使用」になっている。無断で使用しているとすれば、その記事を見る他の雑誌などの編集者たちは、〝許容される扱い〟と錯覚しかねない。新聞社流の「引用」規定についての主観的な理解はそれなりに許されているやに見える。しかし、Ｎのような「美術」に力を入れている媒体の方法は、出版社の編集者たちにも影響を及ぼす。新聞掲載の多くの場合に、掲載された作品の著作者が不快に思っていないこと、むしろ、よろこんでいるということによって、言挙げしないという事情もあるだろう。〝原著作者の意に反しない〟利用というのは、引用できる条件の一つなのだが、それをあらかじめ計算に入れて、引用ということにしてしまうことには疑問が残る。引用としての利用ではなく、「使用」の場合は、新聞社といえども著作者の許諾を得たい。

私の知人である高名な画家が、「理屈で言うと、あれは違法ですね。でも、紹介してくれる好意はありがたいから、文句を言う必要がないよ」と言っていた。

違法でも新聞社は免罪されやすいが、出版社だと、時々クレームがつけられる。著作権法上は同じ出版者だが、美術家の対し方は、ちょっと違うようである。新聞は、自他ともに、その「公共性」が強く意識され、それで多少のことは免罪される。免罪されてきたことで、著作権法の理解が不十分であることにもつながる。

編集にあたる者としては、利用の趣旨のいかんにかかわらず、法の趣旨を守るのが原則である。許諾を受ける行為が、必ず「支払い」に連動するとはかぎらない。無料でＯＫされることも多い。コネクトする姿勢が大切である。新聞社の真似を世間一般でやると、ヤケドをする。

✤写真や絵の引用と人格権

写真や絵を利用するにあたって、著作物の「部分」を区切って、つまり部分利用をすると、著作者人格権を侵すとする考え方がある（前出『著作権法解説』）。したがって、部分利用よりは作品の全体・全容を引用するほうがよいという。もちろん、一作品の全体の借用がよりよいのは当然。しかし、私は、このように几帳面に考えなくてもよいのではないかと思う。必要な部分だけを引用するのも許されると思う。写真や絵では、一作品の全体を引用することが、著作者人格権、ことに同一性保持権を尊重したことになると断言しないほうがよい。前述した鑑賞的な性格から考えて、全像の引用は、場合によっては、かえって適法引用を超えるとされることもあり得るのではないか。確かに、部分引用の可否は著作者人格権（一八条以下）とかかわる。引用規定（三二条）を、どう読むかということの見解の違いである。結論的には、引用者の引用目的と利用の姿が過不足なく緊密で、被引用の著者に、人格的にも財産的にも迷惑をかけていないかどうかが判断のポイントだ。

人格権を考慮してというのは、原作品の同一性を尊重するということである。ただし、きめの細かい絵画を精緻に引用する、しかも作品の全体を再製するがごとく美しく印刷すれば、目的を超えた過剰引用だとされる恐れすらある。同一性保持権と「必要最小限」の利用との矛盾・衝突である。それでは引用者は困ってしまうであろう。要は、文脈を全体的に見ての当否の判断をしたいのだ。

絵画の〝美術史的意義を論じた文章〟中に藤田嗣治の作品を引用した美術全集（小学館発行）があった。藤田の著作権の承継者が、それを引用にあたらないと主張し、認められた裁判。争点はいくつかあるが、その一つに、――二分の一ページ程度に一作品の全容を掲載した扱い方に関して――鑑賞的だ、口絵的だとされた。たいへん大きい原作を二分の一ページで利用することを、そのように認識することに私は疑問を感じている。しかし、司直の判断は、規範的だと受け取るべきなのであろう。絵画の引用は、当否の解釈・判断がむずかしい。二分の一ページがダメなら四分の一ページにすればよいのか。それでは絵柄によっては、イメージが不分明となり、原作との同一性からも遠ざかり、しかも引用の用をなさない。当否については、世にいう「常識」による判断に待つしかない（藤田嗣治絵画複製事件・東京高裁・昭和六〇・一〇・一七判決）。

「部分」を引用したほうが、自分の所論を明確にすることができる場合は、拡大をしてもよいはずだと言いたい。その出所明示にあたって、部分であることを示すならば、作品の全容でなくてもかまわない。被引用の著作物に「そえがき」をする気配りが欲しいところだ。

また、色彩のある写真や絵画を、単色でテキスト中に引用することが多いが、この場合も、原作が「多色」であることを明記し、読者が原作について誤解することのないように配慮する必要がある。しかし、そこまで気を配った例は少ない。出所明示とは、原作者の心情を思い、その人格を傷つけず、原作の本来の姿を誤解させないための気配りをするということでもあろう。出版界で発生するトラブルは、いろいろだが「引用」問題がたいへん多いので、ここでも、補足した。「引用」についての適当な文献は一三五ページ参照。

25 肖像権とは何か

主に写真の利用に際して肖像権という被写体の権利が話題になる。『広辞苑』は「肖像」を「特定の人物の容貌・姿態などをうつしとった絵・写真、彫刻」としている。また、「肖像権」については「人格権の一。自己の肖像画や肖像写真を無断で描かれまたは撮影され、公表されるのを拒否する権利。違法な侵害に対しては保護される」(以上、傍点は筆者)としている。肖像本人の有する「許諾権」であるから利用を「許諾する権利」と書いてもよいであろう。著作権法など実定法には、「肖像権」(right of portrait)と言うのは明文化されていない。京都府学連事件判決(最高裁・昭和四四・一二・二四)に始まる判例によって承認されてきた。人の「容貌・姿態」が著作物なる語に馴染まないからであろう。日常、マスコミやその周辺で「肖像と称されるもの」は、個人に属する(所有)とそれを利用許諾する権利の客体。あるいは「人間の尊厳にかかわる権利」として問題になりやすい。現行の著作権法になぞらえて、財産権と人格権の二つの面で捉えると理解しやすい。

人格権としての肖像権は、撮影拒絶と公表利用の拒絶権である。示した表9は、これに財産権としての肖像権を添えて、蓋然(がいぜん)的に眺めたものである。

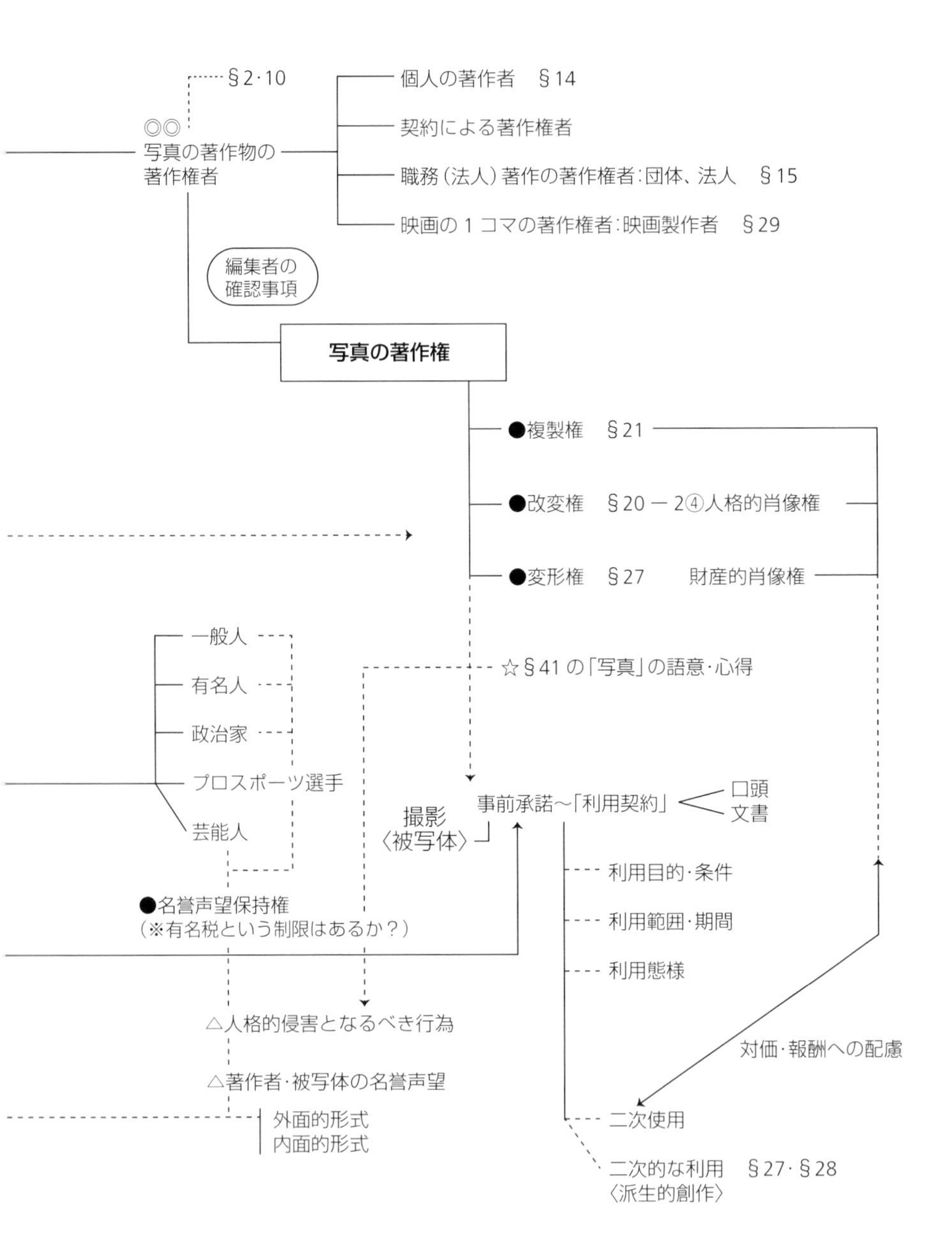
§2·10
◎◎
写真の著作物の
著作権者
個人の著作者　§14
契約による著作権者
職務（法人）著作の著作権者：団体、法人　§15
映画の１コマの著作権者：映画製作者　§29
編集者の
確認事項
写真の著作権
●複製権　§21
●改変権　§20－2④人格的肖像権
●変形権　§27　財産的肖像権
一般人
有名人
政治家
プロスポーツ選手
芸能人
☆§41の「写真」の語意・心得
撮影
〈被写体〉
事前承諾～「利用契約」
口頭
文書
利用目的・条件
利用範囲・期間
利用態様
●名誉声望保持権
（※有名税という制限はあるか？）
△人格的侵害となるべき行為
△著作者・被写体の名誉声望
外面的形式
内面的形式
対価・報酬への配慮
二次使用
二次的な利用　§27・§28
〈派生的創作〉

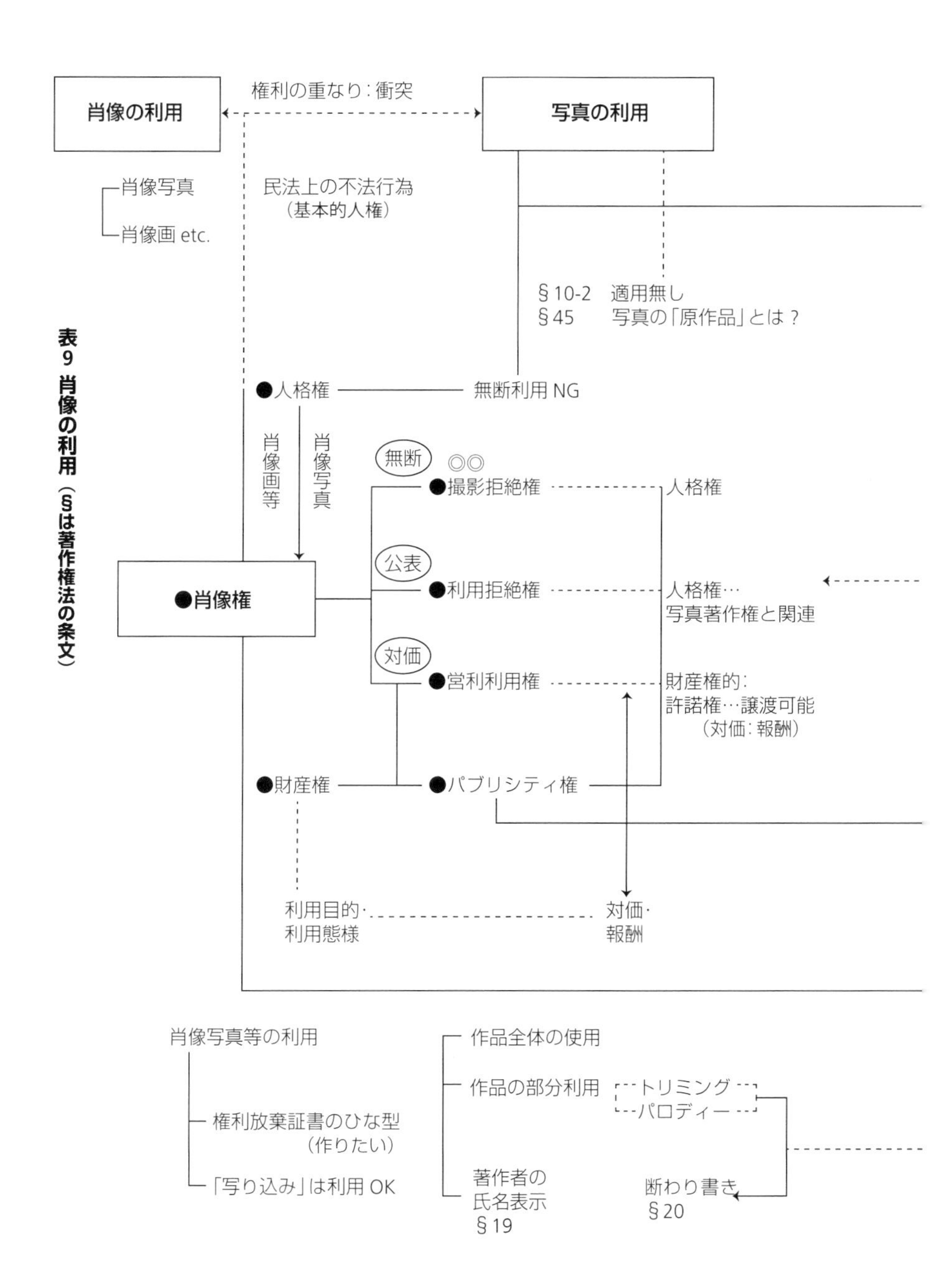

表9　肖像の利用（§は著作権法の条文）

1　撮影拒絶権――みだりに自分の顔を撮影されない権利。撮影させない権利。

2　利用拒絶権――撮影された肖像写真、作成された肖像を利用させない権利。

これはカメラ側からみれば、写真の著作権を制限されることになる。場合によっては、写真などの著作者の権利あるいは「表現の自由」と衝突することになるかも知れない。肖像の利用拒絶権は、肖像画の著作権についても同じことだ。肖像本人の権利は人格権に根ざすのでたいへん重いと考えたい。

3　営利利用権としての肖像権・肖像パブリシティ権(肖像営利権、肖像財産権)――肖像の利用に対し、財産的利益を主張する権利。肖像本人の有するこのような〝利用〟権は、最近では、「パブリシティ権」(right of publicity)の一つとして説明されている。むかし、希薄であった有名人の肖像権も、この概念の滲透(しんとう)するにおよんで、利用目的とその態様によっては細分化され、変化していくと思われる。

肖像権は、「自分」の人間を、その尊厳のゆえに、他人の恣意的利用から守るために主張し得る権利。あるいは肖像を利用する者に、それを許諾したり対価を求める権利。これらを、総合的に認識・構成される。利用者としてのマスコミなどではいまだ安定していない概念である。肖像権は、プライバシーをめぐるいくつかの論理体系の一側面から吟味され主張されるようだ。

パブリシティ権は、右のような権利の一側面を、財産権として抜き出して構成される。氏名や肖像の利用を、OKしたり、譲渡したりすることで経済的利益を生む母体である。

肖像本人が、対価を得て「肖像」の使用をOKする場合は、そのOKした形態・目的で使われるかぎりトラブルにならない。もちろん無償でのOKもあるわけだ。著作物の利用の場合と同じである。タダでOKするのも許諾である。許諾がないのに公表したり、肖像に手を加えたり、肖像本人の好まないような利用をする場合は、その利用者は、肖像＝人格の無断使用ということで、肖像権を侵した罰を受ける。ある写真の中に偶然、他人の肖像が写ってしまうような場合は、多くの場合、問題はない。無断使用が許される。ただし、そのような場合でも、肖像本人の周辺では、ダレソレと特定でき、その公表によって本人がいちじるしく迷惑を受ける場合は、公表者が、その個人の生活の邪魔をしたことになる。肖像写真の性質と利用の形態・目的を勘案して、個人のプライバシーに気を配って写真を選びたい。

✤「肖像」の無断使用（その一）

週刊誌Jで、「恋人の公園」というのを、巻頭のグラビアページでやったことがある。自由を満喫できるいまの世相を、写真を並べて描き出したもの。組写真でのグラフィックな遊びである。週刊誌のことだから、多少の風刺・揶揄（やゆ）があったかも知れない。その中の一枚に、日比谷公園のベンチに、男と女が手を取り合って座っているのがあった。このような写真は、映画であれ雑誌であれ、たとえば、パリのセーヌ河畔の早春の風景を扱う時などきまって取材・掲載される。

しばらくして、この被写体となった男性から、編集部に抗議があった。男の横にいた女性は人妻であり、だから逢引の現場を公表されては困るというわけ。その女性の立場も男性の立場もないということ。プライバシーが守られていないという抗議。写真では、顔がアップでないところから、その編集部のデスクは、一つの「点景」と考えようとしたのだが、「見るひとが見れば、ダレとダレだか、すぐわかる」というクレームであった。

結果は、弁護士の判断で、出版社側のミスということとし、金銭による謝罪で示談になった。肖像の公表は、「プライバシーの侵害」という視点で問題になりやすい。多角的な配慮が必要である。

✤「肖像」の無断使用（その二）

肖像写真を無断で掲載して訴えられた例は枚挙に遑がない。

ある時、それは大新聞社Aのグラフ雑誌であったと記憶する。競馬場の一点景。その日のレースが終了した森閑とした馬場の一隅。捨てられた馬券が木の葉のように散り敷かれている。散乱する無効券を拾っている老人の姿が掲載された。たまたま私は、そのページを見て、〝この写真は、ヤラセかも知れないが、いい写真だ〟と思ったのを覚えている。もしや、当たっている馬券がありはしないか、と、馬券を拾い見る落莫たる老残を、気のきいたキャプションが強調していた。

しかし、その老人の表情から、それが特定の個人だということがわかる。発売されてすぐ、老人の家族、および周辺の隣人たちに、ざわめきがおきたのである。近所を歩けなくなったと言う老人の発言に、新聞社が耳を傾けなかったので、提訴することになる。この争いでその新聞社は、相当の「謝罪」をまぬかれることはできなかった。

肖像本人には当然、人格権・プライバシー権などがあるわけで、それに関してトラブルが発生するのは、編集者にとって名誉なことではない。プライバシーの侵害を避ける確かな方法は、あらかじめ文書なり口頭なりで、はっきりと「使用目的」「使用方法」を示して同意を得ておくことである。そのページの主たる存在となる肖像本人から同意したとの明示を得るについて、簡単でいいから紙にサインをしてもらうのが望ましい。文書契約というと堅苦しいが簡単なヒナ型を研究することをすすめる。日本では、文書約束の習慣が確立していないが、これからの社会は、「形式化された契約」社会だ。かりにテープでも、少なくとも次の三点で「明示の約束」が欲しい。テーマによっては、やみくもに撮影すればよいというわけにはいかない時代がきている。

1　肖像写真利用の範囲。利用態様。利用の期間。

2　対価の有無、その名目の明示。

3　再使用＝二次使用の可能性のあるなし、その許諾の是非。

参考　丹野章『撮る自由――肖像権の霧を晴らす』本の泉社、二〇〇九年。
大家重夫『肖像権』改訂新版　太田出版、二〇一一年。

26 有名人の肖像権

ジャーナリズムの発生とともに「公」と「私」の衝突はつづいてきた。被写体＝肖像本人が他から容喙（ようかい）を受けても、精神的苦痛を感じなければよいが、たとえ、それが有名人といえども、肖像本人が「困る」とするなら、報道価値を優先させるには勇気がいる。最近は勇気のあるジャーナリストが多い。マスコミの経営者や読者には、そのような「勇気」を有能とする者もいるようだ。客観的に「公の利益の価値」が優先するのなら、その肖像本人の権利は保護されにくい。

通説では、多くの場合、一般人と有名人では、天秤にかけた具合が違ってくる。一般人の人格的「肖像権」は相対的には重いのである。有名人のように、公に自分を公開、提示することを職能とする者の「財産的な価値」と「プライバシー公表の許容度」は、一般人とは異なるとされる。彼らのプライバシーとしての肖像利用の場合は、巷（ちまた）で「有名税」という。有名税であるから、一側面では、マスコミに対して寛容を余儀なくされるが、もう一つの側面では一般人と同じように守秘されなければなるまい。場合によっては一般人同様土足で私生活に踏み込まれない権利がある。この点、雑誌ジャーナリズムやＴＶの話題屋と言われる一部の者の取材方法に奢（おご）りや甘えがないとはいえない。報道の自由とか、表現の自由という、現代社会が「自由」の名において勝ちとった勲章を、心ない伝達者の「行き過ぎた取材」で汚してはいけないのである。

「宝塚歌劇団」などもそうだが、野球の選手――たとえば巨人軍のような場合は、一人ひとりの選手の肖像写真の、つまり、肖像権の管理を球団事務所が行なっているはずであったが、場合によっては、必ずしもそうではない。しかし、こちらが営業的意図で利用する時は、「巨人軍」の事務所の指示に従うのが順序だ。営業的利用とは、選手の肖像をポスターに使うとか、選手名鑑に顔を並べるとか、コマーシャルに使うとか、である。このようなことを無断でやると、球団等から違法な利用として告訴されると思う。以前は、多くの選手たちは、球団との仕事の契約書で、肖像権利用の委任をしていたのである。ところが、球界の契約は曖昧な点もあって、各球団事務所とプロフェッショナル・ベースボールコミッショナー事務局および日本プロ野球選手会、三者の間で肖像利用の「許諾」の主体者が明確ではない。＊事務所等が管理すべき内容は、選手たちの財産的価値の角度からの使用料、人格権の角度からの「名誉声望」に関する事項である。それらの処理をすべて含めて、選手は年報酬を定めていると考えられてきた。

＊豊田きいち「プロ野球選手の肖像権」〈出版・著作権ＭＥＭＯ No.168〉、『出版ニュース』出版ニュース社、二〇〇二年。

ただし、取材者は、ごく一時的な、他意のない、ちょっとした肖像利用についてまで、肖像利用料を考えなくともよいだろう。善意の「ちょっとした」利用は、無断でいいわけだ。〝いい〟と〝いけない〟の境目は常識に待つ。あえて言えば、有名タレントや政治家の場合は、一般人の肖像写真の利用への配慮ほど神経質にならなくともよい。

✤そっくりさんの場合

たとえば「そっくりさん」を冊子などで扱う時、スターの顔写真を無断で並べることがある。これに該当するような裁判例を知らないが、次のように考えられる。

第一の場合――前述したように、そっくりさん企画は、多くは、善意の「ちょっとした」利用である。マスコミでもミニコミでも、好ましい笑いを演出する材料として、スターとかタレントとかが利用される。その場合、

1　そのスターの商売の邪魔をしていないか。

2　そのスターの収入に影響を与えていないか。

3　そのスターのイメージをダウンさせていないか。

などと、いちいち財産権だとか、人格的利益だとか使用料だとかを考えなくともいいだろう。ただし、「被写体の宣伝になっているからいいだろう」という利用者サイドの勝手な理屈は言わないことだ。

公の存在と言える著名人は、世間一般、つまり公の利用について、善意の利用なら、それに推定的承諾を与えているものと思われてきた。彼らに肖像利用の権利があっても、小うるさく、かつ、厳密な発言をしてよいかどうか。ことに政治家の場合は、マスコミにはかなり自由使用が可能だろう。因

みに、編集者はその写真の撮影者に著作権が存在していることを忘れぬこと。

社内報なる冊子で「そっくりさんページ」がはやっていると聞く。社内報が非営業的とは言えないが、その「そっくりさん」ページは、悪意がなくプライバシーを侵してないし、「ある程度」「ある限度」で、肖像の無断使用が許される。スターや政治家は「公の存在」なのである。

第二の場合――「そっくりさん大特集」というような、明らかに営業的モクロミがはっきりしている場合、多くのページを使って商業誌が扱う場合、TVで番組を組むようなのは、どうだろうか。一応は、無断でも許されるように思える。しかし、財産的価値の利用、またはパブリシティ権という角度で考えると、理論的には、肖像本人たちの利用料請求の対象になり得る。使用料の支払いがあってもいい。雑誌掲載やTV登場で、口を糊するスターもいるのだから、彼らは、オカネを要求していいが、実際はメディアにサービスをしているのではないだろうか。サービスも営業のうちか。

ほんものが出てこないで、そっくりさんだけが登場する扱いは、悪意でワルモノの象徴としてやるのでなければ、当然、問題はおきない。少しばかりの茶化しは許されるとしても、名誉毀損になるような意図的扱いには慎重でありたい。

参考　大家重夫「人の顔を漫画にすれば肖像権侵害になるか」、『著作権問題判例レポート』日本マンガ学会、二〇一二年、一五ページ。

✤有名人と一般人の場合

表現の自由を振りかざして、肖像権を軽視して他人の「人格」の「悪意での利用」は野暮だ。ブリジッド・バルドーが自宅のプールで裸で立っているのを撮ってそれをセーリングポイントにした雑誌があった。被写体本人には公表の意志のないもの。公表の意志を推定できないもの。この盗み撮りは感心しなかった。疑問とした批評が多かった。マスコミの表現の自由と、バルドー個人の〝撮影拒絶権・利用拒絶権といわれる肖像権〟との衝突――。そして、場合によっては、さらに営利利用権がからんでくる。

肖像権とか人格権とかプライバシー権とか、パブリシティ権とか、言い方こそ違え、これらの権利が錯綜する場合でも、スターや政治家やある種の職業人などは「公の存在」ということで、〝肖像本人が「公」にされない権利〟(撮影拒絶・利用拒絶)に制限を受けるだろう。営利利用権については、どう考えるべきなのであろう。現実は、スターや政治家を利用する者＝編集者からすれば、一般人よりはゆるやかに、寛容・寛大に判断して掲載してきた。少しぐらいの勇み足は許されると考えているジャーナリストが多い。マスコミに勇気を与えている場合の理由は、

1　彼らに対しては、報道の価値が優越するという信念と慣行があること。

あるいは、

2　彼らが、自分の肖像の利用を、世間に対して、かねて、包括的に許諾し容認してきたとされること。「推定的同意」という認識。

ところで、一般人の場合は、表現の自由を振りかざした「肖像利用」から、「プライバシーを守る権利」は強く、したがって、理論的には、利用者側（マスコミ）は、本人の承諾を大前提とすべきだとされる。ただし、一般人でも、報道の主目的の撮影の中に偶然入ってしまったような場合は、文句を言いにくい。カメラマンが、撮影の時、許諾を求めることが物理的に不可能であるからだ。「写り込み」はいたしかたない。

有名人、ことに「政治家」や「スター」は、自分を「公」に売ることを存在の方法としている。それで生活の資を稼いでいる。ことに「スターたち」は、自分の顔を商品としていることが多い。人格的側面もあるが、むしろ商業的性格＝商品性、経済的性格が強いわけだ。だから、「財産権としての肖像権」「肖像の営利利用権」が濃く、それを独立して主張し得る側面を持つ。これは、前述したパブリシティ権の成立と関係する。

一般人にはプライバシー権がより強く、有名人、ことにスターとかタレントと言われる者には、パブリシティ権が強く意識されていいと思う。編集者、情報の伝達者は、このような権利発生の「よりどころ」を知っておきたい。

この意味では、報道の自由、表現の自由は、その伝え方によっては、パブリシティ権とぶつかることになる。永い目でみて、ひたすら、アメリカナイズされていくであろう日本のジャーナリズムでは、パブリシティ権は大きく拡がり、論理的にはもちろん、現実的にも確立される可能性がある。

野球でのイチローや阿部慎之介が、スポーツ新聞や週刊誌に報道記事として肖像をオープンに利用されているのは、おそらく無断掲載だと思うが、それは自然の流れである。サービスである場合が多い。肖像の権利者と利用者が「与え・与えられて」暗黙の許容と利用という均衡の下にできた慣行と考えてよい。しかし雑誌や書籍の表紙やゲームソフトなどへの利用の場合は、肖像本人の合意許諾が必要である。明らかに、肖像の利益権の対象になる行為だからである。パブリシティ権のごく素朴な場合だ。球団事務所等へのコネクトについては前に述べた。表紙に使うとなると、アマチュア・プロの区別なく、ダレでも、無断というわけにはいかない。

有名人の、ことにスターの、肖像利用に際しての経済的利益が拡大する傾向が予想される。その個人としての人格を守る傾向も、〝あけっぱなし〟で拡がっていくわけではない。一般人に比べれば「強くない」というにすぎない。その私生活に痛打を与えるような〝扱い〟には慎重を要する。一〇〇%オープンになる「肖像」は、ほとんどあるまい。

1　被写体となった肖像本人を撮影するにあたって、カメラマンが、相手方に、その写真の使い道を明示して、同意を得ているなら、プライバシーの侵害事件はおきない。小さなメモのようなものでもよい。カメラマンは、文書でＯＫを確認したいと前にも述べた。しかし、いまのところ、多くは口頭の約束、信頼が前提。口約束でも「約束ナシ」よりはましだ。肖像権のクリアは、シャッターをきった時にやっておきたい。あとで編集者がコネクトするのは非能率である。

2　写真家個人ではなく、写真のエージェント――共同通信社のような通信社、新聞社から受け取ったものは、写真の著作権と肖像権の利用権がクリアされ、利用の方法が明示されているから安心して使える、と考えたいがどうか。

3　映画のスチール写真を使う場合、映画の一コマあるいはブロマイドなどは、その著作権は、多くは「映画製作者」(二九条)に属しているので、写真利用の許諾をそこに求めること。映画の一コマは、映画の著作物というよりは、写真の著作物と考えられるが、肖像本人を侮辱的に利用するのでなければ、多くの場合、映画製作者の許諾を得れば肖像本人には無断でよい。写真の出所を示せば、それは丁寧な編集といえる。もし本人の不快を誘う扱いなら、あらかじめ肖像本人にも断わったほうがよい。両者が折り合った利用法で公表できれば、民法第七〇九条(自分の人格的利益を守ることができると規定している)に抵触しない。場合によってはペイの必要が出てくることもある。

民法　第七〇九条　故意又は過失に因って他人の権利又は法律上保護される利益を侵害した者は、これによって生じた損害を賠償する責任を負う。

27 肖像権侵害　二つの事例

「肖像写真」について、①肖像本人の撮影拒絶権、②その写真の利用拒絶権、③財産権としての営利利用権の三つが、被写体本人の権利だと説明してきた。そこで、具体例を挙げておく。

✤肖像写真の利用が違法となったケース

奄美酒類株式会社という会社が、一一四歳という長寿で有名であった鹿児島県徳之島に住む泉重千代(しげちよ)さん（現在は故人）の写真を撮った。

泉重千代さんは、黒糖酒（黒糖焼酎）を愛飲していると伝えられており、撮影側の「奄美酒類」は、酒類製造を業としているところから、泉さんの晩酌姿の写真が欲しかった。それで、一九七八年の一一月、「正月の記念撮影と持ちかけて」（日本経済新聞、一九七九年九月二日朝刊）撮影を行なった。その時、単に「その写真」が欲しかったのか、営業的な利用をひそかに意図していたのかは、私の資料ではわからない。

泉さんの家庭の中で、正月の晩酌姿を撮影できたということは、泉さんの「許諾」・OKがあったからで、ここまでは何の問題もない。泉さんが〝肖像権の二つの柱〟――三つの概念――のうちの「みだりに撮影させない権利」を主張しないで協力したことになるからである。

ところが、酒類会社は、地元の気やすさかどうかはわからないが、泉さんの晩酌姿の写真を、宣伝用のカレンダーに使用したのである。無断で、写真による複製、正しくは写真著作物の複製物を頒布したわけだ。焼酎のPRという営業活動の一環として利用したことになる。

そこで泉さんは、酒類会社＝焼酎業者の約束外の利用法に対して五〇〇万円の慰謝料の支払い請求をすることになる。民事訴訟である。

新聞報道によると、酒類会社側にも、泉さんの養女のかつさんの了解を得たという「泉さんのクレーム」に対抗する発言があったようだ。筋としては、本人である泉さんの発言が第一義であって本人による〝みだりに利用させない権利〟の主張は正しい。少なくとも間違ってはいない。かつさんも死亡しているので、細かい点は、いま、調べようもない。

要は、酒類会社は、せっかく撮影をOKしてもらったのだから、その交渉＝話し合いの時に、写真の利用についても率直に相談をしておくべきであったのだ。

酒類会社の社内事情は、知るよしもないが、撮影を企画した時の趣旨を、撮影者が、相手に伝えるという仕事上の基本が抜けている。少なくとも、肖像の公表の際には一定の額の金員の支払いをすると約束しておくのが、写真撮影者の常識である。複製・制作に参加した者、宣伝部員、カメラマン、カレンダーへの掲載決定者、カレンダーの編集者——、と数えてみると、右のどの時点かで、「肖像本人の利用許諾」についてのチェックがあって然るべきだったのである。

泉さんの娘さんに話したなどという会社側の抗弁はむなしい。泉さんが死んだあとなら、公表権について娘さんと話し合うこともできようが、生存中は、肖像本人を無視した交渉はいけない。

著作物、ことに写真著作物は、多目的での利用が可能だ。時間が経過した時に、撮影時の趣旨とは別に、他の目的で、また使いたくなるものである。二度、三度と流用されるのが一般の傾向である。ことに、二度と撮影のできない記録性の高いものは、他人も見のがしはしない。複製利用の目的で撮影者の私有するネガや反射原稿（油絵などの絵画、図形の著作物など）を借りにきたりする。その時どうするか。写真原稿に添えて、常に利用の権利の所在を明らかにしたメモを添えて保管しておくべきなのである。

因みに、泉さん事件を取り上げた前記・日本経済新聞のコラムに、泉さんの顔写真が掲載されていた。これは、不法でも違法でもない。無断掲載可能である。報道として許される範囲である。平俗には表現の自由とされるもの。コラムの内容からみても、その文面は、

1　泉さんを傷つけていない。

2　泉さんの顔の、ほほえましい頑固さに好感がもてる。

奄美酒類株式会社のカレンダーの場合と、それをコラムに取り上げた新聞の場合の、写真の扱いの違いを理解したい。利用の目的と姿勢が異なる。

✤盗み撮り写真を公表して争いとなったケース

泉さんの場合で、撮影をOKして撮らせた写真が、はじめの約束と違う目的で利用されることを拒絶する権利について説明した。さきに述べたブリジッド・バルドーの盗み撮りの場合は、被写体がスターであった。その私生活への興味、ことに自宅のプールサイドでのヌードであったため　その公表の是非は、賛否二つの意見に分かれた。

次に、本人の知らないうちに撮られた写真の場合、アマチュアの女性が撮影をOKしていないのに写された写真についての「争い」の場合を眺めてみる。

著名な作家と結婚するという噂のあったA子さん（以下Aという）が、家の中で食事の支度をしていた。それをK週刊誌（以下Kという）が、庭の向こうの塀越しに撮影した。Aは有名人ではない。スターでもない。しかし話題の女（ひと）ではあった。さて、Aが、撮影されたことを知ったのは、K誌の記者が「写真」を持って訪ねてきたからだという。Aには、週刊誌掲載についてNOという権利がある。公表を許すも断わるも、Aの意思できまる（撮影拒絶権・利用拒絶権）。Aは有名人ではないのだから拒絶の権利を持つ。

そこでAは弁護士を通じて、手順を踏んで断わったが、盗み撮りをされた写真は、Aの個人的な情報を添えて掲載され、読者に頒布されたのである。利用拒絶権も無視されたわけだ。Kは、当時、一〇〇万部を超える大衆的情報誌だ。故意にAを素材として大衆に個人情報を喧伝したことに抗議すべく、Aは地方裁判所に提訴した。提訴内容の中心は、左の二点。

1　侵害排除――Aの肖像を掲載したK誌の回収協力を、全国紙に掲載すること。

2　慰謝料――精神的苦痛に対する経済的解決という謝罪。

Aの不満は、次の二点だと推測する。

イ　盗み撮りという手段に対する憤懣（ふんまん）。

ロ　Kが形式的に面談を求め、Aの許諾のないまま、マスセール。それをKが「公益」と言うことへの怒り。

Kは、1および2の二点に応じようとせず、この件の撮影や公表は、報道の名において許されると反論した。Kは、婚約した二人を一体的に一概念で括（くく）り、Aも、婚約者の著名作家なみに報道の対象として公表の正当化を主張し、公益的目的に叶う、と抗弁したのであった。

前に述べたように、報道の公益性と自由が、Aという個人のプライバシーと衝突したのである。有名人と婚約中のAは、その有名人と同様にプライバシー権の制限を受けるのか。Aは一般人か有名人か、という判断の問題が浮上する。有名人なら無制限に裸にされることを拒めないのか、という問題も出てくる。

裁判所の判断（東京地裁・平成一・六・二三判決）は、①個人の私的な姿、つまり肖像を、無断で撮影すること、②それを「広く公表」すること、は、「不法行為」を構成するとしてAの肖像を無断で公にするのは妥当でないとした。司直は、著名作家とその婚約者を混同せず、同一視しなかった。K誌の不法行為に対して、Aには、一一〇万円の慰謝料の請求が認められた。

慰謝料の一一〇万円は、K社あるいはK誌には、たいした額ではないが、Kはこれを承服しなかった。そのため対立のまま延長戦に入り、両者ともに控訴裁判所を選んでの争いになった。控訴裁判所は、新しい判断を示さなかった（東京高裁・平成二・一〇・二四双方控訴棄却）。おおむね、はじめに判示されたところと同じである。
1 個人の容姿・姿態の撮影は、肖像本人の意思できめること。他人が、勝手な企図でやってはいけない。
2 複製・公表も、肖像本人の意思が前提であること。
撮影・複製行為と公表には、被写体たる肖像本人Aの許諾権が働く。K誌は、これらの一つひとつについて許諾の約束、許諾契約のないままに発売したから不法行為とされた。

慰謝料についてはKの負けである。これは推測だが、Kにとっては一〇〇万円は、形式的な額といえるほどの少額だ。一〇〇万円が問題ではあるまい。報道行為に手枷足枷（てかせあしかせ）をされたのでは、将来スクープができなくなり、編集行為が不自由になる。それで取材の自由を確認したかったのであろう。取材の障害となる先例をつくりたくなかったので争ったものと思う。

「侵害排除」は認められるか？

さて、Aが求めた争点は、慰謝料のほかに、侵害排除もあった。掲載された出版物の現物を世上から回収せよという請求である。

このような争いでは、多くの場合、侵害排除を掲げて闘う。中には、侵害排除の要求を戦術として強く掲げ、その正当性によって、慰謝料を高額に誘導することもある。Aは、カネよりは、それが不可能であったとしても「侵害排除」が本心であったろう。

この裁判は、侵害排除については灰色の結論であると言われる。肖像権という権利の性質からして、この場合のAの主張する権利が「侵害排除」の権利に結びつきにくく、法理にすっぽりと重ならない。だから、はっきりとした司法判断をすべきでないとしたと言われる。このように理解してよいのだろうか。

一般論として言う。誰かが、現実には傷つく可能性のある肖像写真を、あえて掲載するにあたっては、それに添えられる文章、コメントに、編集者の、「人間愛」と言うとおおげさだが、社会や、「それよりも大切な個人」に及ぼすマスコミの影響に対する「覚めた目」によって気配りされた達意の表現が、編集の過程で、複数の編集者によって吟味されるよう期待される。

参考　豊田きいち「カメラアイ(camera-eye)と著作権」、『事件で学ぶ著作権』太田出版、二〇一一年、一八三ページ。

28 新聞記事および広告面の利用

✤新聞記事などの転用

編集者が、新聞記事を適法に利用するにはどうしたらよいか。新聞記事の多くの部分が著作物であるから、その著作権をクリアして利用すべきだ。因みに――、単なる雑報（一〇条二項）以外は、多くは権利著作物。一〇条二項でいう雑報とは、非著作物のことであるから、その書き手に複製権はない。著作物の場合でも三〇条以下の「著作権の制限規定」による著作物の使用なら自由である。無断でよい。また、一二一―一二三ページで、著作権法に馴染まない「自由に利用できるもの」を並べた。参照されたい。

一つの例　新聞社によって、記事利用に対する寛容の度合いが異なるが、大筋においては、どの場合も大差はない。新聞社内の著作権処理の担当セクションの名称はまちまちだが、A社の例を典型と考えて示してみる。以下は、部分的には朝日新聞社社友大塚光幸氏の了諾を得て、そのお書きになったものも参考にした。

1 まず、新聞紙面上の著作物の二次使用・転載等を希望する者は、A社の事業開発室著作権係へ申し込む。一般には「事業部著作権担当者」というような呼称で問い合わせればいいだろう。

2 備えつけられているであろう記事使用の申込書に、使いたい記事の具体的内容、転載の目的、転載印刷物の態様・体裁、発行部数等を記入する。いかなる複製方法・目的で新聞を再録利用したいかを示す必要があるからである。再録・転載・借用——言い方はいろいろだが、二次使用のことだ。この記入を煩雑だと思ってはいけない。広告面等への利用では、原記事の意図と異なる転用になる恐れがあるから、目途するところをあらかじめ記入するわけだ。

3 条件がOKされると、承認書・承諾書が渡される。そして、場合によっては契約書を作ることになる。

4 注意すべきは、A社の紙面でも、そのすべてがA社の著作にかかるとは限らないから、あらかじめ、そこのところに気配りが必要。新聞への寄稿家・著作権者の事前許諾を直接受けねばならぬ場合もあるはずだ。私の経験では、ほとんどの新聞社は、寄稿家の著作物の利用許諾については、代行してクリアしてくれない。曖昧になっていることが多い。新聞社に、そこまでのサービスを期待できない。イからハまでの著作物に注意のこと。

イ A社の外側の執筆者、俗に寄稿家という者の原稿(署名入りが多いことだろう)。書評、挿絵、図案、カット、写真などのうちA社の権利の及ばないもの。

ロ　AP、UPIなどの外電（外国の通信社から入るニュース）や、共同通信社などの配信記事をそのまま利用する場合。

ハ　連載記事――おおむね八回以上のつづきもの――。五六条二項には逐次公表して完成する著作物についての規定がある。因みに、雑誌や新聞のような定期刊行物を継続的刊行物という。連載とは、継続的刊行物中の逐次刊行物ということになる。これらは多くは社外からの寄稿によるものである。

✤記事などの使用料（その一例）

1　利用側が継続的刊行物（定期刊行物）の場合は、その刊行物（発行物）の単価×発行部数×使用料率（A社では〇・一〇×転載使用記事の本数）

2　一回限りの利用（書籍・冊子への転載など）の場合は、原則として五五〇〇円。著作権法的には二次使用の料金という。以下、額については二〇二〇年の規程で、若干の改正があり得る。

3　著作権の使用――記事の継続的利用契約では、①契約の有効期間とか、②契約の解除とか、③あるいは、契約内容の変更の時の処理などについて契約前に予想される事項をきめておくべきである。

さらに、契約にあたって、申込みをする社の経歴書の提出を求められることもある。新聞社としては、関係記事の著作権の管理を正当に行なう必要があるからである。

新聞掲載の写真の利用料　新聞写真の二次使用をしたい時、どうするか。具体的に、朝日新聞社の場合で述べよう。朝日新聞は、東京本社にフォトアーカイブのセクションがある。そこへ電話かメールで申し込めば、ＩＤ登録をした上で手続きの仕方が示される。転載といってもいろいろのケースがあるわけで、一般市販の出版物の場合もあれば、教科書への掲載、広告物への転用、カレンダーへの使用、そして社内報というように、利用者側の「出版の態様」は多様である。有料発行物・無料発行物という分け方もあるだろう。さらには資料として、保存のためということもあるし、近ごろでは展示や送信という利用目的もある。それらによって料金が異なる場合もあろう。

✤新聞や雑誌の広告の利用

1　広告を集めて編集する出版物や、

2　単独に、広告スペースを二次使用する例について――。新聞や雑誌の広告は、多くの場合、それを編集著作物とは言いがたい。中には、写真やイラストを包含した創作物として編集著作物性の認められる場合もまれにはあり得ようが。判例には、絵画に類する美術の著作物性の強いものとされた場合がある（商業広告事件〈絵画の範疇に類する美術の著作物〉大阪地裁・昭和六〇・三・二九判決）。

このような「広告を集めた出版物」を編集するには、あらかじめ、広告中の個々の著作権者の許諾を得るべきである。著作権あるいはその管理が広告会社とかスポンサーに集中されていれば別だが、写真や絵や文章は、簡単に譲渡されてはいないものである。かりに関係者が「買取り」というように考えていたとしても、買取り(買切り)という曖昧語は、二次使用の許諾あるいは〃著作権の譲渡〃を意味しないとするのが定説である。単に掲載のOKをもらったにすぎないものですら「買取り」と言う編集者がいるのは、不思議なことで、この点、利用者としては注意を要する。

広告の性格上、利用者が無断で使用しても、その商品のイメージダウンにならないかぎり、広告主や広告会社は、その行為を黙認してきたようである。しかし、一つの、「複数著作物によって構成される広告」における、個々の素材の著作者の立場は、黙殺されるべきではない。自分の著作物が、第三者の許諾あるいは黙認によって、目的外使用されることをイエスとする著作者は少ないのである。黙認すれば広告会社等は著作権管理をなおざりにしたのであり、利用者側は、著作物の無断使用として侵害者となる。

また、広告中の著作物を加筆修正したり、改変して利用することは、著作者人格権、ことに同一性保持権(二〇条)等を侵害することになる。別に述べた写真家・白川義員のパロディー裁判がよい例である(一四五ページ)。

要は、他人の著作物は許諾を得て、使うこと。原作を尊重するとは、いじらないで使うこと。原作者の心情を害さず、原作者に経済的打撃(損失)を与えないことである。これが著作物利用の基本。二次使用とは、このようなことである。因みに、二次あるいは二次的に利用する——加筆、改変・変形するような場合は、著作権者ではなく、著作者に直接、許諾を受けるのが原則である。二〇・二七・二八条参照。

29 著作者不明の著作物の利用

引用のように、著作権が制限される場合——三〇条以下——は別として、著作物を使用するためには、当然著作権者のＯＫをもらわなければならない。著作者の権利を尊重するためにである。しかし、著作者が不明であったり、著作権者の居所がわからず、連絡する方法が見つからない場合がある。そうするとどうしても使いたい著作物が宙に浮いてしまう。

著作物は、本来、個人の所有、私的財産の対象であるから、土地や「ＣＡＲ」と同様に、他人は、所有者に「オコトワリ」を、「オユルシ」を得て使うのが大原則。ところが、著作権という知的財産は、私的所有物であると同時に、公的な要素が強い。他の「物（ブツ）」に比べると公共性が強い。その「利用」が、文化の進展に役立つからである。国民みんなが利用することの意味を考えると、著作物を使用できないまま宙に浮かしたのでは、もったいないとさえ言える。先人の業績を踏まえてこそ、次の著作物が生まれ、よい出版物が発行できることを思うと、使用の道を封殺してよいはずはない。

そこで、私権を尊重しつつ、なおかつ、利用が許される「便法」を法律で定めている。著作権法の六七条がそれである。

1　六七条を尊重して、使用できる著作権者不明の著作物は、すでに「公表された著作物」であること。未公表の著作物は、原則としては、著作者以外は使用できない。引用も許されない。公表権は著作者人格権の一部であり、一身専属の権利なのである。そこで著作権法は、公表されたものの利用について便法を認めたのだ。

2　相当期間にわたって公衆に提供されたり提示されている事実が、はっきりしている著作物であること。

3　著作者が不明であったり、その他の理由によって、相当な努力を払っても、その著作権者と連絡をとれない時は、

イ　文化庁長官の裁定を受け、かつ

ロ　通常の使用料の額に相当するものとして、

ハ　文化庁長官の定める額の補償金を著作権者のために、供託して、

ニ　その裁定に係る利用方法により利用することができる。

右が六七条の一項である。右のうち、文化庁長官の裁定は、法施行令八条に定める申請書を長官あてに提出することによって受けられる。金銭を供託するのは、無償利用が認められないからである。この点が「引用」の場合との違いである。供託とは「法務局若（モシク）ハ地方法務局又ハ其支局若ハ法務大臣ノ指定スル出張所」である供託所にコネクトして金銭などを寄託すること。手続きの方法は、供託法、供託規則に規定されている。

この六七条四項では、一項によって印刷されたもの、正しくは著作物の複製物のそばに、

1　六七条の裁定によって――文化庁長官経由で――複製されたものであることを、

2　「裁定のあった年月日」を表示して頒布しなければならない。

とされている。○月○日に裁定を受けたものだと表示すれば　侵害の意思のないことが読者にもわかるであろう。もし、それを著作権者が、どこかで見たとしてもトラブルにならない。一種の強制許諾制。著作権者の姿が見えず、したがって代わりに法が使用を許してくれるのである。

その著作物の使用が　どうしても必要なら文化庁長官の裁定を受け、供託所にコネクトする労を惜しむべきではない。その著作物の必要性が弱い、あるいは必要がないのに掲載しようとすると、つい無許諾、不法・無裁定で使ってしまうのである。六七条の活用になれると、たいへん便利だとも言える。『著作権――その制度と権利の実態』(半田正夫、教育社、一九七九年)九九ページでは「運用のいかんによっては今後利用価値が増大するものと思われる」と述べている。出版を熟知する法学者の発言である。

現実には著作権者の居所がわかる、わからない、にかかわらず、俳句や短歌、図版や写真が、「出版物」に著作者への配慮なしに使われることが多い。使っている編集者は「引用」だと強弁するが　引用規定の恣意的・主観的な拡大解釈である場合が多い。それで、引用について、あえて紙数をさいて述べたのである(一二九ページ参照)。随筆や新聞のコラムや食味雑記での俳句の利用は、まさに、日常茶飯事という感じである。「引用」らしく見えて「使用」が多い。俳句の一つに、図版の一つに、一枚の記録写真に、わざわざ文化庁の文化部著作権課に連絡し、長官あての申請書を作成するのは、心情的にはすっきりしない。しかし無断使用は許されないのである。そこで、

1　著作物と非著作物の見わけ
2　保護著作物と非保護著作物の見わけ
3　著作権の制限規定の理解、ことに、引用と無断使用の判別

などが、編集者の基礎的な知識として要求されることになる。上手な許諾の受け方、手ぎわよい裁定の申請書の処理は、編集の技術と言える。

著作権者を捜す手立ての具体的な例については、令和三年四月文化庁著作権課発行の「裁定の手引き」が参考になる。文化庁ホームページに載っている（ホーム→著作権→著作権制度に関する情報→著作権者不明等の場合の裁定制度）。

小さい小さい著作物や著作物の部分利用における引用と使用の違いがわからない編集者が多い。引用については、十分な理解が必要で、だから解説文献を前掲した（一三五ページ）。

30 二次的著作物

✤二次的著作物の誕生——著作権の支分権

小説やエッセイなどを、他の言語に翻訳したり、原作を脚色し映画化したり、あるいは論文をダイジェストすることによって、原作とは別の新しい著作物が生まれる。

著作権法の二条に規定される「二次的著作物」とは「著作物を翻訳し、編曲し、若しくは変形し、又は脚色し、映画化し、その他翻案することにより創作した著作物」（二条一項一一号）などである。

1　翻訳（translation）とは、原作の内容を変えることなく、そのまま、他の言語に表現しなおすことである。その結果、そこに言語転換という創作的行為が認められれば、それは二次的著作物である。たとえば、『キッシンジャー秘録』の日本語訳、ヘミングウェイ文学の日本語訳とか、小説『金閣寺』（三島由紀夫）のヨーロッパでの英・仏訳など。

2　もとの楽曲に改変を加え、違う形式・形態で演奏するようにつくられ、そこに創作性があれば、著作権法のいう編曲（musical arrangement）だ。モチーフ（表現活動の核・中心思想）はそのままで、別の演奏形態に表現しなおす時、二次的著作物が誕生する。原作の著作権と並行して独立した著作物として保護される。新しい著作権の発生である。

厳密に言えば、楽曲の演奏には、何らかの原作とのブレ・編曲が行なわれることは宿命的だが、それは個々の場合、結果によって判断すべきで、意図的な編曲と結果的な編曲性（揺れ）を混同しないことだ。注意すべきは編曲という二次的著作物にも独立した著作権が発生するとはいえ、わずかな修正や増減では、それは単なる複製の一種であって、新たな著作権は発生しないということ。

a　原作曲者と編曲者は、同質の権利を享有する（二八条）。二次的なものの創作者に同一種類の権利が新たに発生しても、原著作者の権利に影響を及ぼすことはない（一一条）。原作の権利が移行するのではない。これは「音楽」の場合に限らない。

b　したがって、当然ながら、編曲し、公にするためには、原作曲者の許諾を要するし、その編曲を演奏しようとする者は、原作曲者と編曲の著作権者の許諾が必要（二七条）。

c　bの許諾関係は、翻訳、変形、脚色、映画化、その他翻案についても同じ。

3　絵画を彫刻に、彫刻を絵画に、写真を絵画等に変形（transformation）し、それに創作性があれば、変形されたものは二次的著作物といえる。2のaとbで述べたように、原著作物と同様の著作権が発生する。

注意点――写真を原著作物として、新しく絵画にしたものは「変形」とされ、その絵画は、二次的著作物とされるのに対して、その反対に、絵画を写真的に複製するような場合は、原著作物の表現手段・方法を変えたとはいえないので、「変形」に該当しないとされる。なぜなら、写真複製は、絵画的複製と異なり、単に原著作物を、物理的・機械的に再製したにすぎないからである。このような異種複製は変形とはいわないのである。写真という複製的表現物の特殊な一面である。因みに、彫刻のような立体物の写真には、写真にも著作権が発生するが、絵画のような平面なものを正面から撮った写真には、単なる再製であるので新しく著作権は発生しない。

4　小説のような、文章による作品を原作として、新たに、創作的に「劇的表現化」したり「劇画化」することによって、原作とは別のカテゴリーの著作物が誕生する。脚色(dramatization)することにより創作したものも二次的著作物である。脚色は翻案の一種ともいえる。

d　「著作権」は多様な権利の束である。著作物に関して、(イ)翻訳の権利、(ロ)編曲の権利、(ハ)変形の権利、(ニ)脚色の権利、(ホ)映画化の権利、(ヘ)その他翻案する権利は、原初的に原作者=著作者の専有である(二七条)。脚色して二次的著作物を創る者は、前述したように、原作品の著作者の許諾を得るべきなのである。

e　また、著作者は、一身専属としての著作者人格権を有している。「その意に反して著作物の改変を受けない」。同一性保持権を有する。脚色という二次的著作物と原作者の同一性保持権との関係は、トラブルをおこしやすい関係である。原作者と脚色家の事前のコンセンサスが大切である。原作の評判・名声に便乗して、その脚色だと宣伝し、しかし事実は内容が著しく異なった脚本は適法な二次的著作物と言いがたく、いちじるしく原作者の意に反する場合は原著作者の著作者人格権を侵害したことになる。ただしそのような場合は、その二次的な創作物をオリジナル作品ということもできる。二次的著作物とは言えない。

f　2のbと同様、脚色された二次的著作物の利用にあたっては、原作者と脚色した者の双方の許諾を得て上演しなければならないわけだ。

5　『著作権事典・改訂版』（著作権資料協会編、出版ニュース社、一九八五年、一〇ページ）は、映画化権（right to cinematize a work）について「文芸の著作物を原著作物として映画という二次的著作物を創作することを許諾する権利ということができる」と説明している。映画化権は著作権という多様に利用される権利の束のうちの翻案権のうちの一つの態様である。

映画という著作物は、原作のある場合は、文芸著作物の二次的著作物だが、そのレールの上に、多様な権利が相乗りして走る。重なり、錯綜し、複雑な利用形態になる。映画の著作物の権利関係の複雑さはここから出てくる。監督と映画製作者の対立も、ここに根ざしている。

6　法のいう「翻案」（adaptation）とは、著作物の内容の〝組み立て〟——つまり、テーマはもちろん、プロットや表現の意思・思想を変えないで、外面的な形式を、他の方法で構築して著作物を創ること。原作品の存在が必要。だから二次的著作物というのだ。原作をあとかたもなく換骨奪胎したものは、著作権法のいう翻案ではなく、4のeで述べたように、それは、いわばオリジナルといえるであろう。すでに述べた脚本・映画のほかには、どんなものが翻案か。

A　言語著作物のダイジェスト（digest）＝要約。たとえば、トルストイの『戦争と平和』やヴィクトル・ユゴーの『レ・ミゼラブル』のような長編のものを適当に縮めた文章など。——要約と抄録

(abstract)を混同しないこと――(豊田きいち『著作権と編集者』日本エディタースクール出版部、二〇〇四年、一九三―二〇五ページ)。

B　大人向けのものを少年・少女向けに書き改めたもの。たとえば、ヘイエルダールの『コンチキ号の冒険』や太宰治の『走れメロス』のようなものは学習雑誌や教科書にやさしく要約されている。

C　小説(フィクション)や実録(ノンフィクション)を劇画にして、ほぼ同一の内面形式でありながら、まったく異なった外面形式に変貌させること。伝記の劇画風の翻案など。

D　写真著作物から塑像を創ることの類い。

以上1から6まで、著作権法の中の二次的著作物に関する語彙を、ほぼ定説に沿って説明した。原作との関係、利用許諾の受け方、さらに、専門的な問題点にも近づいてみた。

二次的著作物の輪郭をつかむこと、その諸態様と利用関係を知ることは、編集者の基礎知識の第一歩を学ぶことにつながる。文中、ａからｆまでの注意事項は、すべての場合に共通することである。

参考　シンポジウム「パロディについて」(司会・小泉直樹)、著作権法学会編『著作権研究37』有斐閣、二〇一一年、一ページ。

31 共同著作物

著作物を、翻訳、編曲、変形、脚色、映画化、その他翻案するような場合は、原著作物とその二次的著作物の関係はカワカミとカワシモの関係だが、そうではなく、一つの著作物の成立に複数の著作者が、水平関係で、共同参加している場合、その著作物の法的な位置づけはどうなるか。

一つの著作物だが、それに二人以上の著作者が関与しているものを大別すると、二つに分けられる。一つは結合著作物といわれ、一つは共同著作物という。

✤ 結合著作物とは

一つの著作物に複数の著作者がいて、それぞれの著作部分が、一つひとつ単独に著作され、その一つひとつが独立しているもの。どの部分にも、複数の者の共同行為が認められない場合で、部分として機能する各著作物は形式上、結合しているにすぎない、だから、切り離して利用できるもの。そういうものを結合著作物という。個々の著作物が、はっきり視覚的・感覚的にも分離しているので、その部分を個別に利用できる。分離可能、個別的利用の可能なものである。

このような性格の著作物には、法の規定の必要がない。部分が単一の著作物だからだ。結合著作物の利用者にとっては、利用上も、権利の処理―許諾を受ける上からも、一つひとつの単独著作物の部分で対応すればよく、特定の規定なしでも、何ら痛痒を感じないからである。したがって著作権法には、結合著作物という語彙はない。著作者間の確執もおこらない。結合著作物を例示する。

1　歌詞と楽曲――文芸的著作部分と音楽的旋律部分が結合、合体して歌唱される。ダレダレ作詞、ダレダレ作曲と表示される。この場合は、歌詞も音楽著作物といわれる。

2　中村不折が画を描き、河東碧梧桐が書を添えた色紙や扇面のようなもの。

3　浅草仲見世のシャッター壁画。平山郁夫の研究室メンバーの競作になる合体作品としての浅草絵巻など。

4　オムニバス形式の小説や映画。出版物ではアンソロジー形式のもの。因みに、書籍などで、各章を別の者が著作することがあるが　それは共同著作物（旧法一三条では「合著作」）とは言わない。集合著作物といわれる。記念論文集のようなもの。追悼文集など。その場合でも特定の出版目的に沿って部分を分担して執筆するようなものは、部分のつながりのありようによっては合著作＝共同著作物と言いがたく、共同著作（collaboration）的であっても、結合著作物に近づく。全体が一つの著作物であり、その部分も独立した著作物として利用できるものは、その各部分の著作者の許諾で、全著作者の

ＯＫなしで部分が「ひとり歩き」できる。各人の寄与を分離して個別的に利用することが可能であれば、共同著作物とはいえない。それを結合著作物という。

✤共同著作物とは

創作物につき、二人以上の者の共同の寄与を前提とし、各人の寄与が著作物内で融合し、分けて利用しがたいものをいう。個々の著作者の寄与・貢献を摘出・抽出できないから、一人の著作部分の個別的利用が不可能である。複数の権利が合体し混和しているので、その著作者たちは一人ひとりの判断で、権利の処理をすべきではない。

たとえば、文芸の範囲の著作物としての座談会という言語の著作物。一人の発言は、相手の発言を受けて形式化する。多くの場合すべての発言が、出席者の共同作業といえる。キャッチボールに似ている。札幌の雪まつりの雪像も特定者が指揮監督し、他者がその手足となる場合は別として、一般的には共同性が強い。完成した著作物の部分を分離して利用しても、その部分が単独者の創作ではないため、著作権が重なっているのである。

✤インタビューは共同著作物か

インタビュー記事でも、一著作物に複数の者の寄与が交錯する場合が多い。そのために、①著作権の所在が一カ所でなく、混乱をする恐れがある。②そこから生ずる利用に際しての著作者間の軋轢、③その合一したものの利用者のとまどい等を避けるために、著作権法で一定のルールを定めたのである。六四、六五および五一条二項等がそれである。これらの規定は、前出の結合著作物には適用しない。

なお、アイディアの提供者、著作物作成の補助者、監修者、指導者、校閲者等は、多くの場合、共同著作者とはいえない（〝私は貝になりたい〟脚本原案事件・東京地裁・昭五〇・三・二一判決など）。

共同著作物の複数の著作者は、どのように権利を持ち合い、第三者に対してどのように、その権利を行使することができるか。

共同著作物の定義（二条一項一二号）は「二人以上の者が共同して創作した著作物であつて（ママ）、その各人の寄与を分離して個別的に利用することができないものをいう」としている。合著作――、共有著作権になる。著作者人格権と著作権（著作財産権）を共同で持つことになる。

まず、著作者人格権――著作者人格権は一身専属。他人に譲渡ができない。内容は、公表権・氏名表示権・同一性保持権の三つ。そして、著作者の名誉や声望を傷つけるような利用も著作者人格権の侵害（一一三条一一項）。共同著作物の「著作者人格権」は、

1　共同著作者全員の合意によらなければ行使することができない（六四条一項）。
2　ただし、著作者のうち死亡者があれば、生存者の合意で行使できる。
3　全員の合意とはいえ、「利用」が硬直しないように――。各著作者は信義に反して、この合意の成立を妨げることはできない（六四条二項）。
4　なお、著作者人格権を行使する代表者を定めることができるとともに、その代表者の権限について加えられている内部的制限は、善意の第三者に対抗することができない（同条三・四項）。
次に「共有著作権」は、以下のように調整される。
1　全著作者が相談して、合意の上、共同でその権利を行使すること（六五条一・二項）。一体的行使が大前提。
2　合意の成立にあたっては、正当な理由のないかぎり、これを妨げることはできない。これは、やはり「利用」の硬直化を防ぐもの。
3　各共有者は、他の共有者の同意を得なければ、その持分を譲渡し、又は質権の目的とすることはできない。
4　財産の持分の割合は、関係者間のあらかじめ定めた契約によればよい。当然、共有者間の協議で自由に定められる。協議のない場合は、共有者の持分は等分（民法二五〇条）と推定される。
5　著作者人格権同様、代表者に関する規定が設けられている。
共同著作物の保護期間は、共有著作者のうち、最後に死亡した者の「死んだ時」から計算される（五一条二項）。共同著作物の性格上、著作物の分離・切り離し、権利の分割が不可能だから、各人の死亡時が異なっていても、このように規定せざるを得ないのである。最後の者の死亡する最終段階からの計算で同時消滅する。

補記。映画は多数の多様な権利者によって創られる。一六条で、監督等の共同著作物としている。編集者が出版物への、映画著作物の利用を考える時、具体的には、文章化、ダイジェスト、劇画化、その一コマの写真利用などだが、ここまで述べてきた諸規定の考え方を念頭において、著作物使用の許諾関係をきれいにしたいものである（二九条参照）。

参考

早稲田裕美子「ＰＤ（パブリックドメイン）後の映画の一場面の複製と実演家の権利」、『コピライト　No.616』著作権情報センター、二〇一二年、三一ページ。
同「共同で執筆した研究報告書の公表」、『コピライト　No.618』著作権情報センター、二〇一二年、五八ページ。

32 座談会の著作権

✤座談会と編集者

二人なら対談、三人なら鼎談（ていだん）、それ以上なら座談会というのが一般的であろうか。いずれにせよ「座談」という形式には、読みやすい、わかりやすい、親しみやすいという長所がある。マスコミであれ、ミニコミであれ、座談という形式が増える傾向にある。新聞・雑誌等には欠かせない「記事」の一形式なのである。

座談会の原稿完成まで　編集者が、座談を文章化し、まとめるには、いろいろな方法がある。古典的な一つのパターンを述べる。

①まずテーマをきめる。②座談の語り手をきめる。語り手――著作物の送り手が誰であるかによっ

て、謝礼、正しくは著作権使用料（著作物掲載料）がきまる。③掲載の量、つまりページ数や完成時の原稿枚数をきめる。④司会者・カメラマン・速記者などをきめる。⑤場所をきめる。ここまででおおまかにコストを把握することができる。語り手以外を社内でやりくりすれば、コストダウンが可能だ。司会者の上手下手もさることながら、⑥速記録を予定の枚数に縮める「縮め方」が急所である。ここで座談会という記事の成否が分かれてしまう。座談にはテーマと関係のない世間ばなしが混入している。それを全部省いても、予定枚数の何倍もの原稿になるものだ。四〇〇字の原稿用紙は、ほぼ一分くらいの「語り」にあたるとすれば、一時間の座談を二〇枚に縮める場合は、速記原稿を三分の一に圧縮することになる。

座談という最初の言語の著作物を速記録という形式に固定し、それをさらに短縮したものにする。この縮め作業を語り手・著作者に強いる編集者もいるが、結果がよくないと思う。下原稿の短縮という仕事は、いわゆる要約＝ダイジェストとは少しばかり「おもむき」が違う。要約は二次的著作物だが、これは、公表のための完成稿への道程としての下原稿＝モト原稿とも考えられる。モト原稿を座談の主人公（著作者）に回付（かいふ）して、修正増減、俗にいう「訂正」、「加筆」・「削除」という作業にとりかかる。モトになる原稿は、だから、予定枚数より少しばかり、編集者によって短くされるのが、かつては一般的であった。最近は、外部のライターや編集プロダクションを多用するが、どんなものか？回付原稿（著作者校正）は、語り手たちの著作者人格権を侵していないか、内面形式の同一性が保たれているか、公表してよろしいかという確認のための駄目押しである。

右の一連の編集行為において編集者は、座談の内容を変容しないで、実際よりも事実に近い絵的な表現へと再構成をやってのけるべきだ。そのために、①発言の順序を変えたり、②類似した発言を一カ所にまとめたり、③適当な資料を添えてみたりして、公表してさしつかえのないように、著作者が筆を入れやすいように知的な協力をしなければならない。回付したモト原稿が戻ってきた場合、思わぬ赤筆が加わっているものだ。Aが意見を変更したりすると、相手のBが怒ることもあり得る。その調整が編集者の仕事。

公表されない原稿と公表する原稿　このようにして、公表すべき著作物が完成する。公表されない著作物（速記録・モト原稿）から公表される著作物への道筋が、簡単なものもあれば複雑なものもある。非公表と公表に分けたのには意味がある。たとえば、公表された著作物は「引用して利用」することが許されるが（三二条）公表されないものは、第三者の引用的利用が許されないことを知っておくべきである。速記録は「引用」できない。発言者、つまり著作者の許諾なく外に持ち出せないのである。また、座談の著作権が、契約によって法人に帰属するような場合は、以後の二次使用については、著作者の諒解なしで改変、利用すべからず。

✤五つのQ&A

座談にかかわる著作物の性質、著作物性や権利関係をQ&Aとして並べてみよう。

Q　座談会は、いかなる著作物か。編集著作物であり得るか？

A　座談をした複数の者たち（著作者）の共同著作物である。著作物として公表された場合、公表までの各人の寄与を分離して認識できないし、その利用についても分離して利用しがたい。共同著作物の成立について、分離可能とする説と、後者を論拠（分離不可能）とする説あり。日本の現行著作権法は、後者を共同著作物の成立要件としている。ごく簡単な対談は、対談者たちの相互構築なしに、工夫なしにまとめられるが、これには共同著作物とはいえないものもあり得る。

また、座談会の編集著作物性については、別個の問題と考える説が強い。中には編集者が、全体の構成を大幅に変えたり資料を挿入することで、その座談会の共同著作物という性質と並行して、編集著作物という側面を有することもあろうが、「編集者の行なった寄与については、別個の評価をするのが妥当」とされる（前出『改訂　新著作権法問答』一三七ページ）。

Q　共同著作物としての対談や鼎談の著作権の保護期間はどうなるのか？

A　共同著作物を創った複数の著作者の死亡は別々であろうから、その座談会の「創作の時」から、最後に死亡した者の死後七〇年経過するまでの間、その座談の著作権が存続する（五一条二項）。著作物への寄与が分離できない前提だから、個人の部分を切り離せないということが理由の一つである。

Q　著作権の発生を「創作の時」という場合、座談会では、どの時点を指すのか？

A　それは、原稿――公表することを合意した、最終の完成稿――のできた時と考えるのがよい。前述した修正増減された完成原稿（著作物）の誕生の時である。

Q　速記者に著作権は与えられるか？

A　速記者は　著作者でも、著作権者でもない。手足理論という見解があるが、それに相当する。編集者、つまり出版者あるいは座談の主体者の手足となってそれを助ける立場だから、主体性なしとする。その仕事に創作性がない。速記として紙に固定された座談内容は、一般に、未公表の著作物であり、それは座談の主体者たる出席した著作者の著作物である。

Q　司会者・進行担当者はどうか？

A　ごく普通の司会程度での「参加」では、共同著作者の一人とはいえない。あらかじめ、参加についての役割に意味が認められ、座談のテーマが、その者の発言によって影響を受けるようなら別である。一般に、外部に依頼した司会者が発言した場合は、程度により判断すればよく、出版者サイドでの司会者は、権利を主張しないほうがよい。理論的には、場合によっては、共同著作者の一人であり得るが（と、私は思っているが）編集者あるいは出版者は、自分を著作者とは主張しないようである。そういう抑制された姿勢を持つ出版者が多いと思う。主張するよりは、必要なら、その座談会の共有著作権者に加わるべく、別途の対価を支払って権利への参加資格を受けることも一つの方法であろう。

33

編集著作物

いくつかの材料を集めて編集したものを「編集物」という。「編集著作権」は、編集物について、その編集著作行為が終了して形式化されると即、発生するので、その意味では出版者の主体性が認められたものといえる。著作権法は「編集著作物」を次のように規定している。

第一二条 編集物（データベースに該当するものを除く。以下同じ。）でその素材の選択又は配列によつ（ママ）て創作性を有するものは、著作物として保護する。

2 前項の規定は、同項の編集物の部分を構成する著作物の著作者の権利に影響を及ぼさない。

右の規定に従ってさらに具体的に考えると次のように整理される。

イ 新聞・雑誌はもちろんタウン誌・社内報などの編集物は、すべてとはいえないが、多くの場合、編集著作物である。

ロ 編集物とは、普通の著作物や、種々の表現物、あるいは共同著作物などを、いくつか選んで並べたもののこと。いくつかの材料を集積・構成したもののことと説明されている。
ハ　編集著作権とは、一定の考え方、一定の物差しによって「いくつか」の材料が「選ばれ」かつ「配列」集積された形式（スタイル）を「物」と認め、この場合の、創作的活動とか知的創作性を理由として　その表現形式に著作権を認めた結果の呼称である。
ニ　編集物の中の素材たる著作物は、それぞれの著作者の私的な財産であるから、編集著作物の中に混じり、全体に編集著作権が発生していても、その影響を受けない。編集著作権と並行して権利が存在するのは当然である。
編集物の個々の素材は、それぞれの著作者の権利著作物であるから、編集物あるいは編集著作物を創ろうとする者は、必ず個々の著作権者に、あらかじめ使用の許諾を得なければならない。
ホ　また、編集著作物を二次使用しようとする者は、まず個々の素材の権利者の許諾を求め、その次に編集著作権者の承諾を得るのが道筋である。昔日の雑誌などの復刻版のようなものは、権利の消滅していないものが混じっている。発行の寸前になって動きがとれなくなる例が多い。
へ　著作権の使用について許諾関係のいらない素材だけで編集された編集物にも、選択・配列に創作性があれば編集著作権が発生する。権利発生の基準は編集的な「創作性」にかかっている。たとえば、電話帳の例がわかりやすいだろう。すなわち、五〇音順の電話帳には編集著作権なし。単なる編集物である。材料が、すでに一定であり、誰が配列しても同じだからである。それに対して、職業別の電話帳には編集著作物としての最小限の条件が認められ、編集著作権が発生する。かつて、そのように判示された。職業別の場合、いかなる職業名で括り、どういう順序で、その職業を並べるか、個々の素材たる店名・社名を、どの職業に束ねるか、という編集行為を知的な行為、つまり編集著作行為として評価するのである。

因みに、編集物の中に使用される個々の表現物のうち、著作物の使用については、著作権者の応諾が前提で掲載・転載が可能と説明したが、多くの著作権法の解説書は、保護期間中の著作物のことを「著作権の目的になるものの使用」とか、「著作権の客体とされるものの使用」と表現している。念のため。

ところで、電話帳の部分としての一行一行は、非著作物であり、複製利用について許諾を得る必要がない。職業別電話帳の最小単位としての部分は、無断で複製・頒布してよいわけだ。

✤編集著作物の具体例

編集著作物には、①複数の著作物を素材にして編集したもの、②単なる事実やデータのような、著作物といえないようなものを素材にして編集したもの、③前記①と②の混じった編集物など、がある。

素材が何であれ、いくつかの表現物が一定の目的で選ばれ、並べられた編集物について、そこに創作性があれば、編集著作物として保護されると述べてきた。「創作性」というのをむずかしく考えないでよい。常識的に主体的・個性的な表現であればよいのである。

一九七一年一月一日を境として、著作権法は、旧法から新法＝現行法に移行した。旧法と現行法における編集著作権に対する考え方の違いを比べ、その上で、具体例を列挙したほうが、よりわかりやすいと思う。旧法では、編集著作物は、一四条に規定されていた。現行法では一二条である。

旧著作権法　第一四条　数多（アマタ）ノ著作物ヲ適法ニ編輯シタル者ハ著作者ト看做（ミナ）シ其ノ編輯（ヘンシュウ）物全部ニ付テノミ著作権ヲ有ス但シ各部ノ著作権ハ其ノ著作者ニ属ス（傍点とルビは筆者）

これをすでに引用した現行法と比べればわかるように、むかしは「適法に編輯」されたことを条件に編輯物の全体像に編集著作権が発生した（「編輯」は「編集」と同義）。いまは、そうではなく、素材の「選択又は配列」の創作性が、編集著作物として保護を受ける要件になっている。

旧法では、著作物を無断で、あるいは勝手に改変したりして編集したものは、言葉を換えて言えば、編集物に、違法使用した著作物が混じっていれば編集著作権が発生しなかった。いまのように、創作性のあるなしが主要件ではなかったからである。しかし、現行法は、編集物構成過程での創作性が権利発生の要件なのである。選択し、配列する編集者の構成過程のオリジナル性が問われる。現行法では、かりに、素材が適法でなく違法に使用された場合、そこの部分については著作権侵害になるのは当然であるが、にもかかわらず、全体としての編集物に、編集著作権が発生する。ここが、むかしといまの違いである。現行法は素材の質、素材の法的ポジションに関係なく、並べ方の創作性に重心がおかれる。注意点――①あまりにも平凡な、単純な選択・配列の場合は、必ずしも編集著作物とはされないと思われる。②復刻版を出版するについて、旧法下で発行されたものと、現行法下で発行されたものでは、編集者の「権利処理」は異なる。

さて、現在は、次のようなものが編集著作物に該当することになる。

▼新聞＝全国紙　専門紙など。壁新聞も。日本新聞協会は、一ページの紙面にも編集著作権が発生するとしている。

▼雑誌＝総合雑誌はもちろんミニコミ・タウン誌・社内報などの類。

▼社内報＝冊子であれ、一枚ものであれ、記事が多様であれば編集著作物。

▼年鑑＝時事年鑑・専門ジャンルの年鑑など。

▼事典＝総合百科事典・専門事典。

▼辞書＝「語」を並べて語義を付したもの。日本語は一〇〇万語以上もある。その中から、一定の規準で語が選ばれ、一定の方法で解説がなされる。だから、すべての辞書は編集著作物的だとさえいえる。参考に――『広辞苑』は二〇万語以上、『日本国語大辞典』は五〇万語以上である。この代表的な二大辞典でも、日本語一〇〇万以上から、語を選別しているのである。百科事典の場合も、森羅万象の中から「語」を拾うが、利用者の目的に合わせてせいぜい三万から一五万くらいの見出しを選ぶのである。語の選定には、したたかなオリジナリティがうかがえるはずである。

▼単語集　たとえば英語単語集＝ベーシックな英単があるが、基礎単語を「神」が定めたのなら別として、編者の学識から生まれたのであるから、やはり編集著作物である。

▼職業別電話帳＝大正時代に『東京市職業別電話帳』を編集著作物と判示した例は前に述べた。どのような職業を束ねるか、一つひとつを　どのカテゴリーに所属させるかに創意がいるのであった。

▼文学全集・詩集・歌集・句集＝単一の著作者のものでも、作品選びと並べ方によって権利が発生し得る。ただし、その著作者のすべての作品を創作順に、あるいは公表順に編集したものに編集著作権があるかどうかは疑問である。

▼選集・アンソロジー

▼論文集　記念論文集

▼美術全集＝個人全集でも多くは権利あり。

▼名句集―多くの「句」の中から秀句を選ぶから創作性ありとされる。万葉集や新古今集などから選別された秀歌集も然り。

▼名曲集＝右と同じ。

▼交通公社の時刻表を収めた冊子の全容

▼映画＝共同著作物的であり、結合著作物的であり、編集著作物的である。

▼ＬＰレコード・カセットテープ・ＣＤ等＝音楽著作隣接権の編集著作物性が認められる。

✤判断のむずかしい例

編集著作物かどうか　判断のむずかしいものがあり得る。

文学全集や詩集の場合、一人の著作者のものを、誰が編集しても同じように並んでしまうように配列するのは、電話帳を五〇音引きで編集するのと同じ。その限りでは編集著作物としての創作性はないが、前後に、主たるテキストの利用方法を並べたり、解説や批評が添えられていると、冊子全体について編集に創作性が認められる可能性がある。部分に編集著作物性を認めることは無理だ。

発言順に、そのまままとめた座談会などは、文章表現化の過程に独創性が希薄である。発言を入れ替えたり、註を加えたり、第三者のコメントを加えたりすれば、編集著作物性が感じられる。ケース・バイ・ケースで権利が発生し得る余地はあるであろう（一九九ページ参照）。因みに、個々の発言者には、共同著作物の著作者として共有著作権がある場合が多い。

古い話だが　弁護士の利用する便覧付録つきの法廷用の訟廷（しょうてい）日誌の類似物が出版された時、〈大審院判決〉で、先行した訟廷日誌を編集著作物とした。侵害事件としてのこの微妙な判断には異見もあった。法廷日誌の著作物性を疑問とする見方もある。

また、地球儀用の世界地図のようなものも、著作物ではあり得ても、編集著作物であるかどうかは速断できない。一般論は避けたい。

34 職務著作

✤会社・団体の命令で創った著作物

会社や団体に属する者が、仕事として作成した著作物の権利は、別に契約のないかぎり仕事を企画し、社員に指示した会社・団体に属し、その著作行為の性質を冠して職務著作とも雇用著作ともいう。職務上の創作物の「著作者人格権と著作(財産)権」の所在を明示したのが、一五条である。一般の著作物では、著作物が誕生した瞬間に、著作者が特定され、当然、著作者が著作権者となるが、この場合は、はじめから創作の当事者を著作者としていない。

さて、職務著作・雇用著作＝法人著作などといわれる「規定」を、わかりやすく箇条書きにしてみよう。

1　法人その他の使用者の発意に基づき

2　その法人等の業務に従事する者が
3　職務上作成する著作物で、
4　その法人等が自己の著作の名義の下に公表するものの著作権は、
5　その作成の時における契約、勤務規則その他に別段の定めがないかぎり、
6　その法人等とする。

右は、文意明らかで多言を要しないと思う。
冊子などの編集を外部の人や編集プロダクションに委ねる場合には、そこで作成の著作物について、発注元の「社」が著作者とはなれない。ただし、必要なら、契約によって著作権者になれる。編集・制作契約の文言に工夫が必要。
会社などの社内で、仕事として編集したものの著作者、著作権については次のように考えられる。
a　個々の記事のうち、社員作成の文章、イラスト・写真などは、社命に従って担当した責任者の指示によったものであり、いわば月給に含まれた仕事である。社員は権利者ではない。何回も言うが、会社が著作者だ。
b　出版物は、会社名か会社の一セクション名で発行・公表される。それが著作者表示なのである。発行者表示が社内作成の著作物や一冊を貫く編集著作権の著作者宣言と考えられる。
c　多くの場合、入社の際に、労務上の契約書や労働協約や就業規則のようなものに、社の仕事としての著作物＝表現物は、勝手に個人のものにはできないと書かれていると思う。まれに、個人との力関係で、個人のほうが強いこともあり得る。これは特殊な場合。いずれにせよ、「社」と「個人」の

契約の問題である。特段の契約がなければ一五条が生きる。
したがって、従業員作成の記事などは、右の4の条件によって会社が著作者。
念のため、さらに、いくつかのメモを並べておく。
イ　会社作成の冊子での社員のみによる座談会（記事）も会社の著作物。
ロ　冊子全体の構成・配列の＝創作的権利＝編集著作権は、編集責任者でなく、「会社」である。
ハ　当然のことだが、社に属さない外部からの寄稿の著作権は、かりに著作著名がなくても会社の権利物ではなく、それぞれの寄稿者＝著作者・著作権者のものである（一九条参照）。
ニ　他社の出版物から借用して自社の表現物に役立てようとする時、――二次使用にあたっては、（a）その社外の個々の著作物については、連絡先を聞いて、個々のOKをもらうこと。（b）筋論としては、相手の会社の電話に出た者は、諾否を言う資格がない。「その社作成のもの」の利用は、社を代弁できる相当の責任者の許諾を得て使うこと。
ホ　前掲の「法人その他の使用者」とは、必ずしも、いわゆる会社＝株式会社のみを指さない。「団体」なるものも含まれる。
最後に、会社に属する者が、社の仕事以外に、職務とは関係のない創作を公表したいと思った場合についてはどうか。
1　入社時の約束・契約のようなもので、その社の仕事以外の仕事、たとえば、アルバイトのようなことや、公の執筆活動を禁じられることがある。会社専一の姿勢が求められているわけだ。これは、会社が強すぎるのだが、業務の性質によってはあり得ると思う。しかし、多くは、個人の時間での表現物の公表は個人の自由とされる。

2　個人の著作の公表でも、内容によっては、届出制という建て前、許可制という形式をとる法人や団体がある。一般論としては、「社」が仕事として拘束する執務時間での個人的執筆はいけないがそれ以外の時間については、組織は口出しをしないのが常識だ。ただし、競争社会に生きる「会社」としては、企業の内情報にかかわることが外に流出することを好まない。この点で個人の倫理と会社の倫理が衝突するのは、よくあること。この点を執務規定などに明文化している日本企業は少ない。たとえば、新聞ジャーナリズムの世界では、慣行として、あるいは労使の協議で、いろいろな処理、それも話し合いでの処理が日常化している。

従業員の、個人的な時間での表現行動を干渉するのは、いまでは、はやらないが、とかく個人の表現活動の内容が、社の固有な情報の流出ということになりがちで、社業から派生する、あるいは、社業と重複する執筆活動もあり得る。それは、個人のモラルの問題だが、会社としては、ルールをきめておくほうがよい。

自由時間に作成した表現物は、個人の著作物ではあるが、あらかじめ上司に相談をしたほうが、トラブルにはならない。上司の中には、著作権法などに疎い者がいるからだ。

個人は慎重に。会社の上司は寛大・寛容に――これしかない。会社の仕事とまったく関係のない「句集」や「随筆」と、「企業イメージや企業内容にかかわる表現物」との区別は、むずかしいはずはないのである。

35 ブックデザインは著作物か

ブックデザインという「語」の意味は広い。定義をすることがむずかしい。ブックデザイナーは本の装丁（幀）——版下（書き文字）や装画によって表紙などの外形を整えること——、だけでなく、さらに本文全体を対象に活字の組みや目次の姿などを統一的に構成して冊子をまとめる。そして製本の方式についての提案も行なうなど、その仕事はいろいろである。出版物の場合も、一般の商品同様、外装が目立たないと利用者が手に取ってくれない。表紙がいやな印象のものには親しみを感じてくれない。装丁は、営業的にも重要だ。デザイナーの存在理由は、量産を呼ぶための美的表現の創作にある。その作成にあたって編集者が細かい指示をすることもあるが、デザイナーに依存する傾向が強い。

少なくとも題号の書体や表紙の装画・配色などを専門的に手がける者がブックデザイナーである。編集という仕事の分化過程で生まれた、美的才能を持ち商策に長(た)けた者たちの呼称。最近ではすぐれた感覚のデザイナーがたくさんいる。

✤ブックデザイナーが印税制を提案

右のような人たちの職能団体に「日本図書設計家協会」というのがある。装丁家とか、ブックデザイナーとか図書設計家とか、いくつかの呼称をひっくるめて、新聞記事ではブックデザイナーという。ブックデザインの主たる目的は「本」をより多く売るための「形式」を創りだすことだ。美しいことで顧客を吸引し、かつ量産を可能にするには、本の外形をどのように表現すべきか、それがブックデザインという仕事の第一義である。それがデザイナーの資質の要件だ。特例は別として、本を、実用品として量産するというアングルで制作するところにデザインへの期待がある。デザイナーたちはすぐれた美意識を持っているから、より美的で新規性があることを量産の前提にしているように見うける。

ところで、ブックデザインの仕事の対価、つまりデザイン料は、多くは一時金で支払われてきた。いわく装丁料、いわく画稿料、原稿料、デザイン料等々。名目もいろいろ、額もいろいろである。五万円もあれば、企画規模によっては二〇〇万円もある。普通の書籍だと一〇万円以上の支払いが多いかも知れない。七万から一五万。

一時金で払う方式について、デザイナーの発言や新聞記事では「買取り制」と表現することがあるが、これは、おかしい言い方だ。正しくは作品の一定条件のもとでの独占的複製料つまり「使用料」なのである。「買取り」と称して、類似表現を拡大解釈して制限されたら、ブックデザイナーは「めし」が食えなくなる。
一時金であれば、本が売れなくても売れても額は一定である。額が一定であることに不満を持つデザイナーが、印税制を提言している。その集いが新聞の記事になったこともあった。

印税制というのは、主として、定価と「部数」に対して一定のパーセントを掛けた額を支払うことである。出版物が売れなければ使用料は少なく、多く売れれば比例して増えるわけだ。一時金画料方式と印税方式は一長一短であるが、本の中身の、つまりテキストの主体者たる著作者が、印税方式であるところから、印税方式が望ましいとブックデザイナーたちが言うのである。印税方式だと永い期間にわたってペイ関係があるものと考えてのことでもある。

印税方式は、場合によっては、あらかじめ保証部数とか保証額を定めて、売れなくても著作者が困らぬように配慮することが望ましい。デザイナーたちは、それに近いことを希望しているのかも知れない。最低保証は、本来、「部数」を実売数として契約した場合、あるいは出版者と執筆者の力関係によってきまるのだが。

書籍の中身は著作物であることが多い。それを世に問うことを決意し、リスクを負う出版者と、その著作者が出版物の中核だが、だからそこに印税制が導入された。実売部数支払いの場合は、著作権者に配慮して最低保証の考え方が生まれた。

右のような構図を、デザイナーは、著作権があるものに印税制が採用されやすいと理解しているように見える。だから、ブックデザインという仕事の成果に著作権を認めてもらえば、印税制の対象となるものと考えようとしている傾向がある。この考えは、出版という世界の正しい分析によるものではないが、要は、経済的に恵まれるデザイナーは少なく、多くは他のジャンルより相対的に低い料金であることに不満があり、その解決策としての「印税制提案」だと考えることもできる。ブックデザインが著作権の目的物でなくても、必要なら部数比例の料金を定めることはできよう。契約は原則的に自由である。しかしいちじるしく競争原理に根ざした出版の世界で、それがどこまで現実的であるか、時間をかけて考えてみるべきだ。本の生命が短くなってきた時代のブックデザイナーにとって、はたして印税制が得かどうかも冷静に検討したいものだ。

また、ブックデザインが著作権の客体たり得るかどうかについては、そういう場合もあり得るとすべきでケース・バイ・ケースの問題だ。デザインが著作物といえるケースはあるにちがいないが、印税制に適合するものは少ないかと思う。

✤ブックデザインは意匠法の対象の可能性が強い

もし、ブックデザインが、著作物として著作権法により保護されるものと仮定するならば、どのような著作物でなければならないか。

著作権法は二条一項一号で、著作物について「文芸、学術、美術、又は音楽の範囲」と定めている。国際的な約束。とすれば、美術の範囲と考えるしかない。美術は広範囲だ。美術のうち、いかなるジャンルの美術であり得るか。

著作権法の多くの解説・研究書は「美術」的表現物を、このテーマに関連していえば、

1　可視的な創作物。専ら鑑賞を目的とする純粋美術――著作権法――文化的

2　大量生産を目途として実用に供される応用美術――意匠法――産業的

の二つに分けて、対比して考究してきた。前者は主として著作権法、後者は主として意匠法のワクに入るとされる。前者は文化的側面　後者は産業的な側面。美術的なものを著作権と工業所有権に分けて、両者の知的行為による所産を保護している。イメージをはっきりさせるため例示する。

1　（前者）　中心は純粋美術。一品制作の美術工芸品を含む。博多人形や有田焼などの壺や皿のあるものは応用美術だが、その中には美術的として著作権が認められ得るものもある。

2　（後者）　大量生産の応用美術は工業所有権のうち「意匠法」を適用する。家具に応用された彫刻等が実用品の範囲に入る。文鎮のひな型等を量産される実用品とする見方は定説だ。

ブックデザイン、ことに、装丁、その装画が時に前者の性格、つまり(イ)美術的表現をも目途とし、(ロ)その創作性が審美的感情に応え、(ハ)したがって絵画的であれば、意匠法はもとより著作権法のワクに入る余地がある。しかしその例は少ないとされる。多くは図案や模様にとどまるので、産業的な営為として性格づけられるであろう。速断はできないが――、「産業的」とは、その商品の量産が第一義的に期待される制作活動のことを指す。

因みに、著作権の発生は無方式、保護される期間は、例外を除き、基本が、著作者の死後七〇年間。これに対して工業所有権のうち、ここで対象となる意匠法では、意匠権の発生に新規性が求められ、意匠登録を要する。保護は二五年間である。

ブックデザインは、意匠法対象の可能性が強く、著作権法対象の可能性が少し。ここで注意すべきは、両法の二重保護もあり得るとする説が目立つこと。権利の重複が許される。

36 ©表示の意味

三要件——©記号・著作権者名・最初の発行年

✤著作権者の権利を明示する条約上の約束記号

新聞の第一面の上段、欄外に©表示がある。たとえば「©日本経済新聞社　２０ＸＸ」というように。同じ定期刊行物でも、雑誌では裏表紙等に示され、「©出版社名　２０ＸＸ」となっている。新聞・雑誌ともに、発行者としての出版者名、すなわち法人名で表示されている。

書籍の場合は、最後のページに近いところにある、奥付といわれる、刊記にあたるスペースに表示される。たとえば『維新の前夜』という単行本の初版第一刷では「© AKIRA · SUZUKI　1988」となっている。出版物は、©の次に著作権者名と最初発行年を表示する。これは単独著作者による単行本の場合のフォーマルな表現である。著作権の譲渡がなければ、法人としての社名ではなく、自然人としての固有名詞が示される。

日本が加入している「ベルヌ条約」と「万国著作権条約」の、両条約の異質な点をつなげる約束記号としての©を日本ではマルシー（マルC・マーク）と呼ぶ。アメリカなどでは©noticeあるいはcopyright noticeなどとも呼ぶ。三要件の表示によって、最初発行時の著作権の所在が明示され、ベルヌ条約加盟国の著作物が、©表示を義務づける万国著作権条約国で自動的に権利の主張ができるのである。ベルヌ条約国間では©表示は不要である。

©表示は、方式主義を翳す少数の「万国著作権条約の加盟国」に対して、ベルヌ条約下の個々の著作権者が、その著作権を主張し請求することのできる表示と解してよい。©表示を適法に行なえば、「権利」の登録を要する国（方式主義国）で、登録などせずに自動的に、ベルヌ条約国・日本（無方式主義国）なみに、著作権が認められるというわけだ。©表示をしない場合は、万国著作権条約傘下の方式主義の国で、無断で複製され頒布されたとしても、それをOKした意思表示とされても文句はいえない。

©は、著作財産権の主張であるから、正しいルールに則った表示をすべきである。©の要件は三つ、わずか一行で足りるのである。「©　著作権者名　第一（最初）発行年」である。

第一発行年とは、その著作物が最初に公表された年、その出版物などが初版と表記した年のこと。その著作物が二次使用された二次出版物にも、その源となった元の発行年が表記されるべきものだ。著作物二次使用の文庫本の多くが、その文庫の最初の年を表示しているのは、適切ではない。その文庫に添えられた解説などには、それが最初の公表なら、そのスペースにその年の©を別個に記すべきものである。

✤日本は無方式主義

日本は、一八九九年以来、ベルヌ条約国である。その仲間うちでは著作権を無方式で主張できる国同士であるから、その範囲で自分の著作権を守ればよいというのなら©表示はいらない。いまでは、ロシア、中国、韓国なども加盟国である。©がなくても、イギリス、フランス、イタリアなど、アメリカとも、相互に権利を認め合うのだから。

日本は万国著作権条約には一九五六年に加盟している。©表示は、そこでの約束ごとである。©表示をしない場合は、自分の著作権を、万国著作権条約国でかつ非ベルヌ条約国において「公共の所有」に帰せしめるだけのことである（『コピライト　No.513』、著作権情報センター、二〇〇七年を参照）。

✤©表示の副次的な機能

良し悪しは別として、©表示は、述べたような、本来の機能から離れて、少なくとも次の三つのことを結果的・副次的に表わし得る。

1　©表示が正しければ、特定の著作物の著作権の所在を公衆に通告することができる。その著作物誕生時と著作権の所有著名を確認することができる。

２　発行年——公表の年が明示されるので、少なくとも、公表起算の著作物の、保護されるべき期間が、経過したか、いまだ保護期間中であるかを、他人に知らしめることが可能である。

正しい表示には、右のような副次的な効果がある。

その著作物の二次使用などを希望する者には「許諾」を得るのに便利である。

因みに、日本のキャラクター商品の©は多くが不備であるが、商品化権業界の申し合わせでの表記法なのであろうか？

✤公表後起算と死後起算

ここまで述べたことを整理しておく。

はじめに新聞や雑誌の「©表示」を取り上げた。新聞や雑誌の©は、少なくとも、「編集物（中略）でその素材の選択又は配列によつて創作性を有する」（一二条）ゆえをもって、編集著作権を、方式主義国に対して主張していることを示す。多くは法人名だ。その保護期間は、公表後起算。因みに、編集著作権は、その編集物の部分を構成する一つひとつの著作物の著作者の権利とは別のものであることに注意（一二条二項）。関連しない。編集著作権者は、個々の著作物の権利者ではない。定期刊行物の©表示は、その編集著作権と自社の著作物のみをカバーしている。

常識的には、新聞・雑誌の©表示は少なくとも①編集著作権、および②自社原稿＝職務著作（一五条）の著作物に限っての権利を表示していると考えられる。これに対して、書籍の©、ことに単一の著作者による出版物の場合の©は、その著作権者個人の著作（財産）権を表示している。

✤ ©表示の注意点四つ

1　©表示は、公表著作物の、その「すべての複製物」に表示する。「すべて」とは、二次使用・二次出版物を含む。改訂版・二次出版の文庫版など、すべてに表示される。その著作物が改訂されたりして新規の部分が加わったら、発行年を複数並べてもよい。

参考　『著作権委員会特別委員会記録』文部省、一九五九年。
法貫次郎『万国著作権条約に基づく著作権表示（©表示）』文部省、一九六四年。

2　©・著作権者名と第一発行年の三つを近づけて表示すること。条約では accomplished by とある。この三要件は、一つが脱落しても妥当ではない。要件の脱落や記載内容の間違いなどは、善意のそれならば、一定の期間に訂正を行なうことができ、救済の道もあり得るが、係争にあたって、その処理は煩瑣（はんさ）である。はじめから正しく表示したほうがよい。

3　わかりやすい大きさの文字と数字で。
4　適当な場所、すなわち、見やすい場所に表示すること。

冒頭に述べた新聞・雑誌の©の据え方は慣行。書籍の©の位置は、書では扉裏が一般的、日本では奥付も可。

✤ ©表示のこれから

かつて、アメリカがベルヌ条約に加盟せず万国著作権条約国（加盟国は一〇〇カ国、二〇二一年一〇月現在）の中心であったため、その方式主義のゆえに　日本の著作物に©表示を付けるのか常識であった。アメリカが一九八九年にベルヌ条約国（加盟国は一七九カ国、二〇二一年一〇月現在）になり、日本とは無方式で相互に著作権を尊重するようになった。いまでは、©表示を必要とする国はカンボジアぐらいである。©表示の使命は終わったやに見える。

それで、日本の著作権者や著作物の利用者にとっては、©表示なしでも、さして痛痒（つうよう）を感じない。実害がほとんどなくなった。しかし©表示は　本来の条約上の記号から離れて、あたかも単なる著作権表示のように誤解されている。したがって第一発行年（最初公表年）の欠落した不備な表示でも、ナンラ抵抗なしである。しかし©は、ないよりはあったほうがよいという程度のことだが。あえて、この本では解説した。

あとがき

この本の素材にした私の小文の元は、学校での講義や、継続的刊行物に掲載したコラムやラジオ番組でしゃべったレジュメなどである。

●「編集と著作権・Q&A」
『資料通信』、日経連・弘報部、一九八五〜九二年（三月刊まで）。© K. TOYODA 1992

●「引用についての饒舌」
『びぶろす』、国会図書館、一九九〇年一一月号。© K. TOYODA 1990

●「『知的なもの』の権利とその周辺」
FM東京・東海大学講義番組「現代文明論」（明日に生きる）、一九八九年一〇月二三日〜同一〇月二七日。© K. TOYODA 1989　など——。

『著作権法逐条講義』（加戸守行）、『改訂　新著作権法問答』（佐野文一郎、鈴木敏夫）、『概説　著作権法』（斉藤博）、『著作権法入門』（大家重夫）、『知的所有権法基本判例〈著作権〉』（土井輝生）、さらに吉田大輔氏、作花文雄氏の丁寧にまとめられた論考など、日常、私の机上にある文献から多くを学んだし、影響も受けた。これら以外にもすぐれた文献はたくさんで、【参考文献】として並べきれない。この「著作権基礎知識」は、表現者の座右に置いていただければと思い、実践的に役立つ文献は、関係するページに、努めて紹介した。

文献に限らず、著作権や編集に関して、お教えいただくことの多かった先輩や友人の氏名も挙げきれないほど多い。いちいち礼を述べず筆を擱く失礼をお許しください。

本書は、豊田きいち『編集者の著作権基礎知識』（日本エディタースクール出版部、初版一九九三年）を大幅に加筆・修正したものです。

ア行

カ行

サ行

タ行

ナ行

ハ行

マ行

ヤ行

ラ行

ユニ知的所有権ブックス　NO.24
UNI INTELLECTUAL PROPERTY BOOKS NO.24

新版　編集者の著作権基礎知識

二〇二二年四月一五日　初版発行

著作者　豊田きいち・宮辺尚

企画　日本ユニ著作権センター
装画　Malpu Design（佐野佳子）
装丁　Malpu Design（清水良洋）
編集　藤澤千春
発行者　株式会社 太田出版・代表　岡 聡
一六〇-八五七一　東京都新宿区愛住町二二 第三山田ビル４F
TEL 〇三-三三五九-六二六二　FAX 〇三-三三五九-六二六二
振替　00120-6-162166
ホームページ　http://www.ohtabooks.com/
印刷者　株式会社シナノパブリッシングプレス

ISBN 978-4-7783-1803-1 C3032